性教育这样讲

85个性教育实操案例

王晓斌　方　刚·主编

人民东方出版传媒
东方出版社

图书在版编目（CIP）数据

性教育这样讲：85个性教育实操案例 / 王晓斌，方刚主编.
—北京：东方出版社，2020.10
ISBN 978-7-5207-1626-0

Ⅰ.①性… Ⅱ.①王…②方… Ⅲ.①性教育-儿童教育-家庭教育
Ⅳ.①G479 ②G78

中国版本图书馆CIP数据核字（2020）第135906号

性教育这样讲：85个性教育实操案例
（XINGJIAOYU ZHEYANG JIANG：85 GE XINGJIAOYU SHICAO ANLI）

策划编辑：鲁艳芳
责任编辑：杨朝霞
出　　版：东方出版社
发　　行：人民东方出版传媒有限公司
地　　址：北京市朝阳区西坝河北里51号
邮政编码：100028
印　　刷：北京联兴盛业印刷股份有限公司
版　　次：2020年10月第1版
印　　次：2020年10月北京第1次印刷
开　　本：880毫米×1230毫米 1/32
印　　张：8
字　　数：216千字
书　　号：ISBN 978-7-5207-1626-0
定　　价：49.80元
发行电话：（010）85924663　85924644　85924641

2013 年，一个偶然的机会，方刚老师应安徽省淮南市几位家长的邀请，创办了第一期青春期性教育夏令营。从那之后，性教育营一直坚持到现在。

到了 2020 年，不仅有夏令营，还有了冬令营、秋令营；不仅有青春营（11 岁以上），还有了少年营（6—11 岁）、幼儿营（3—6 岁）。性教育营的开办城市，也由最初的一个城市，扩展到十多个城市；每个营的营员由十多人，扩展到 40 多人；赋权型性教育讲师也达到了 400 多名，遍布 100 多个城市，其中讲过猫头鹰性教育营的有 30 多位，每年还不断有通过考核的新讲师加入。

性教育营也有了一个品牌名称"猫头鹰"，它象征着智慧与求索。

八年走来，得益于方老师和讲师们的坚持，得益于孩子、家长们的信任，得益于民间性教育风气的渐渐成形，也得益于媒体的宣传，"猫头鹰性教育营"得到了很大的发展。八年间，据不完全统计，有 40 家以上的媒体介绍过猫头鹰性教育营，拍摄的纪录片至少有五部。

猫头鹰性教育营口碑良好，每期方老师主讲的营都席位不足，许多家长和孩子不得不排队等半年之后的营期。

猫头鹰性教育营到底带给了孩子和家长什么？这是本书想要告诉读者的。

组稿和编辑的过程中，我们一再提醒作者：不要写成表扬稿，而应该向读者展示：

性教育是如何促进孩子成长的？

孩子们在学习性教育知识中有了哪些成长？

家长们是如何在性教育营中成长的？

观摩性教育营的孩子和家长们的成长，是方刚老师创办性教育营时所没有想到的。但是读者会看到，这部分的内容占了本书非常大的篇幅。

所以，这是一本帮助家长更新性教育理念、学习如何给自己的孩子进行性教育的书，一本帮助性教育工作者学习体会赋权型性教育技巧和魅力的书，同时，还是一本让孩子们热爱性教育的书。

时常有家长说，想给孩子报名性教育营，但青春期的孩子们不愿意来。那是因为孩子们自认为自己"都懂"，自认为老师一定会进行"道德规训"，而这本书告诉你，情况不是这样的。

本书的作者，有性教育营的授课老师，有观摩学习的性教育讲师，还有非常多的孩子们的家长。

有意思的是，许多家长在观摩完性教育营后，也报名加入了赋权型性教育讲师团队。赋权型性教育以及猫头鹰性教育营的魅力，由此可见一斑。

我们自信地将这本书推荐给读者，也自信地将赋权型性教育推荐给家长。

性教育营见！

王晓斌

2020 年 2 月 13 日

目录

自 序

一、洗礼中的父母：家长在性教育中的困惑、挑战与成长

二、增能中的孩子：那些感人的成长故事

三、努力赋权的讲师：如何给孩子增能赋权？

父母是孩子的第一任老师，也是孩子的第一任性教育老师。虽然性教育营的对象是孩子，但是从第一期开始，我们就鼓励父母全程旁观。

我们是对的。

许多父母说，旁观三天的他们，经历了一场性价值观的洗礼，也补上了缺失的性教育。最重要的是，他们知道应该如何更好地与孩子相处了。

父母的态度，深刻影响着孩子的成长。所以，我们首先在这部分呈现性教育营中家长的困惑、挑战与成长。

我们知道，本书的主要读者是父母。不妨通过这一部分，对号入座，看看自己在教育上做得如何。是的，是"教育"，不是"性教育"，因为我们相信，性教育的价值观和整个教育的价值观是一脉相承的。

一、洗礼中的父母：

家长在性教育中的困惑、挑战与成长

✳ 讲"我从哪里来"的故事，为什么这些 家长会流泪？

"我从哪里来"这个问题，一向是检验性教育水平和价值观的快捷标准。

"长大了就知道了""垃圾箱捡来的""淘宝买的"……这些都是非常坏的性教育；而像"爸爸有一个种子，妈妈有一个房子，种子经过爱的通道进入房子里"，也是回避全部真相的性教育。在我们性教育专业人士看来，这些都是不好的性教育。

有人编一个黄瓜和甜甜圈的所谓"童话"，这是回避的性教育；如果是自造词语所谓"爱的通道"，是撒谎的性教育；如果是一张大床一铺被子下面"亲密的事"，是遮遮掩掩的性教育。这些都不是好的性教育。

家长每每说"不知道该怎么讲"，我都说"你怎么做的，怎么讲"，通常收获的都是合不拢的大嘴和恐惧的神情。我没说错啊，实话实说。

当然，好的性教育不会止步于此。性教育少年营中，我们要用半天的时间，来讨论"我从哪里来？"这个问题。学生们会认真思考"做爱"这件事，会带来什么好处和坏处。我的身体和心理能不能承受，我要如何做出选择，才是对自己、对对方、对家庭，也包括对可能产生的孩子是负责任的。这些，难道不是家长们在做爱之前一定会考虑清楚的事情吗？"怎么做，怎么讲"，最重要的就是这一部分。

真正好的性教育，既不回避器官名称，大声跟我读："阴茎""阴道"，也不回避"做爱"过程，精子进入女性体内的方式，通常是"阴茎插入阴道"。当然，我们也会聊一聊孕育生命的过程、生产的过程，甚至养育孩子的过程。

好的性教育，更要学习思考这些事情背后的利害关系。每一个孩子被问到"我可以做爱吗？"时，都认真地思考，并将自己的答案写在便利贴上，贴在墙上。他们会驻足围观别人贴在墙上的便利贴是怎样写的，然后，老师和同学们一起，围着一张张便利贴讨论起来，不放过任何一个不论看起来搞笑、不切实际、离经叛道，还是让家长紧张、恐惧的答案，让孩子们自行分析每一个答案背后的好处和坏处。课后，我总是问家长："看到孩子们的回答，你们会紧张、会担心；听完孩子们的分析，你们还紧张吗？以后再遇到类似的问题，还不会处理吗？"

"做爱"这个问题，当然是会紧跟着生孩子的话题，很多学生写"我们还不能生孩子""生孩子会伤身体"。总会有学生问我："老师，生孩子痛吗？"我老老实实回答："痛的。"

　　※ "痛为什么还要生孩子，那我不要生孩子了。"

　　※ "人人都不生孩子，人类就灭绝了。"

　　※ "妈妈生我的时候也痛吗？"

　　※ "你问你妈不就知道了。"

　　※ "肯定痛的，人人生孩子都痛。"

　　※ "我妈跟我说过，她当时快痛死了，都哭了，可是生完看到我就很开心。"

　　※ "妈妈爱我，才生我的。"

　　※ "爸爸也爱我，爸爸妈妈一起生我。"

　　※ "可是，还是很疼啊。"

　　※ "我家里还留着我刚出生时候的小被子呢，可小可小了。"

　　※ ……

孩子们七嘴八舌的讨论，让我感到温暖。有的孩子听父母讲过自己出生的故事，我会请他们分享给大家。你看他们小小的脸上充满了骄傲，不是因为我最聪明最漂亮，而是因为爸爸妈妈最爱我。有的孩子不知道自己出生的故事，总会回头看看家长，带着遗憾。我会留作业给他们，晚上请父母给他们讲讲出生的故事。每一个生命都是伴随母亲孕育生产的种种身体不适来到这个世上，每一个生命的成长都需要很多人的辛苦付出，一代又一代人这样延续下去，是因为每个生命都是伴随爱和希望的。我们会建议每个孩子，都给家长一个大大的拥抱。

我悄悄观察后边旁听的家长，总是有的家长听着笑着，就静静地擦起了眼泪。是想起了当时生产的疼痛，还是想起了孩子成长过程的辛苦？我不知道。我更希望，他们是想起了自己决定带一个生命到这世间的初心——爱和希望。在养育孩子的过程中，会遇到这样那样的困难，请家长朋友们不要忘记见到新生婴儿的那一刻：数一数手指和脚趾，一个也不缺，就放心下来的心境。

性教育，从来不仅仅是"性"教育。很多人以为一个绘本可以回答清楚的"我从哪里来"，我们却要讨论半天的时间，这个每个家长都经历过的问题，却让家长们听到落泪。

性教育，是关于成长的教育，不仅是学生的教育，还是家长的教育。

执笔：王艺

✳ 八岁男孩妈妈课间含泪给儿子道歉

2019年8月2—4日，赋权型性教育讲师团队第一次在山东省青岛市举办猫头鹰少年性教育营，这也是在山东省首次举办，这次夏令营是由我和来自长春的王艺老师主讲的。

　　小亮是一个八岁的小男孩，特别讲礼貌，机灵、好学且文质彬彬。他在课堂上积极回答老师的问题，且每回答一次就转身看向坐在教室后排的妈妈，以获得妈妈的认同和赞赏。

　　第二天上午，在我主讲的"打破性别刻板印象和社会性别平等"的课程中，我问大家："谁喜欢并且玩过洋娃娃？"小亮有些不好意思地问："老师，毛绒玩具熊算不算？我很喜欢洋娃娃，但我妈妈从来都不给我买，她说洋娃娃都是小女孩玩的，就给我买玩具熊来代替。"

　　课间，通过和家长聊天才知道，小亮从小就特别喜欢各式各样的洋娃娃，但是妈妈因为他是男孩，担心他玩洋娃娃太女孩子气了，不像个男子汉，甚至杞人忧天地担心他不愿意接受自己的性别，长大了万一变成同性恋等心理问题，便使尽各种招数阻挠他，打压孩子的真实感受和需要，为此母子多次争吵，孩子内心也很痛苦和无奈……

　　课堂上，我讲述了经典的儿童性别平等绘本《威廉的洋娃娃》。这个绘本讲的是一个叫威廉的男孩，从小特别想拥有一个洋娃娃。他的父亲因为他是个男孩子，便不给他买，而是给他买篮球、电动火车等玩具；他的哥哥也认为男孩玩洋娃娃看起来像个傻瓜；邻居的男孩则说威廉"丫头气"。可是威廉的奶奶满足了他的愿望，给他买了他一直想要的洋娃娃，说这样可以帮助威廉培养照顾他人的品质和能力，培养他的温柔、细心、体贴和责任心，长大了便可以当个好爸爸，享受亲子相处的温情和美好。

　　这个绘本传达了社会性别平等的理念，即美好的事物不分性别，美好的品质也不分性别。在我们性教育营的课堂上，没有所谓的"男孩样""女孩样"，没有男孩子必须怎样怎样，女孩子应该怎样怎样的标准。我们提倡培养孩子的兼性气质，即男孩、女孩都可以温柔、细腻、体贴、善解人意，也都可以勇敢、坚强、有毅力、负责任，拥有兼性气质的孩子，其人格更完整。

王艺老师还声情并茂、绘声绘色地给大家讲述了中国首位女航天员刘洋、国际著名服装设计师吴季刚、香港最美搬运女工朱芊佩和酷爱编织的巴西男孩席尔瓦（Junior Silva）的人生故事，他们都突破了传统文化对女孩或男孩的性别束缚，成就了自己独一无二的快乐人生。

王艺老师总结说，世上美好的事物和职业都不分性别，只分喜不喜欢、感不感兴趣，鼓励孩子们勇敢做真实的自己，也要充分尊重别人的喜好，不歧视、不贬低他人。小亮妈妈听了课很受触动和启发，意识到了自己教育孩子的错误观念和恐惧情绪，感觉特别对不起儿子。

课间休息时，小亮妈妈眼含泪水，真诚地给儿子道歉说："儿子，对不起，以前妈妈不懂，犯了很多错，今天妈妈学到了有关性别刻板印象的知识，以后妈妈一定积极支持你的兴趣、爱好，鼓励你成为真实的自己，而不是我眼中理想的儿子。"

看到母子拥抱在一起，我内心特别感动，我想对家长说："父母是孩子最大的未来，是孩子的第一任老师，父母好好学习，孩子天天向上。"

爱孩子，就给孩子好的性教育，赋权型性教育是真正促进孩子人格成长的教育，是关于人性、人格和人权的教育。

执笔：姜玲玲

✳ 家长来性教育营，不是陪伴，而是成长

不谈性别的性教育，不是好的性教育。忽视很多问题中的性别因素，性教育就流于形式和表面。身体发育、身体权利、恋爱、性侵犯、家暴，传统的性别观念无处不在。就像"头发长，见识短"

这类的论调，要记得其基础是女性不被允许受教育，甚至不被允许出门的。而过分强调性别差异，区别对待，就是在强化性别刻板印象，本身就是对每个人的压制和歧视。

每一次讨论绘本《威廉的洋娃娃》，都会围绕三个问题进行讨论：

1. 男孩可以玩娃娃吗？女孩可以打拳击吗？

孩子在发言、讨论中，自然会认识到，美好或恶劣的品质每个人都可能具有，安静或刚强的爱好无论谁都可以尝试，温柔或勇猛的活动任何人都可以从事，这些都无关性别，而是个人的选择，而选择是每个人的基本权利。

2. 如果你是威廉，你该怎么办？

孩子们试着想出各种实现愿望的方法，我们会纠正那些违法的、暴力的、不友善的、不实际的方法，会鼓励并引导孩子们寻找适合自己和家人的，符合实际情况的解决方法。更重要的是，勇敢、坚定地做自己，坚持自己的梦想，并用合理的方式来表达和实现。

3. 如果你的同学是威廉，你该怎么办？

要包容每个人与众不同的特点，要尊重每个人做自己的权利。有可能的话，帮助他们捍卫自己的权利，消除并对抗外界的偏见与歧视。

课程顺利进行，孩子们的性别刻板印象其实并不强烈，他们能很快树立起平权意识、互相尊重的意识。

相反，他们的父母大多有强烈的性别刻板印象观念，大多是在"男孩样""女孩样"的教育理念下成长的，并且已经将这样的观念内化，甚至引以为荣。经常会有家长向我咨询对他们的孩子不符合性别刻板印象的焦虑和解决办法。

有一次，性教育少年营中的一个妈妈给我留下了深刻的印象。

她一丝不苟的妆容和穿着，不怒自威的表情，表现出一副很厉害的样子。她的儿子上三年级，大大的眼睛，换牙期特有的大板牙，特别爱笑。午休的时候，孩子们都跟家长去吃饭了，只有他跑到我这里，问我有没有吃的，为什么没有看到我的午饭。听说我的外卖已经在送来的路上了，他才放心地跟妈妈走了。

午休之后，看电影的时间，合作的讲师在里面陪着，我在外面沙发上休息，这个妈妈来跟我说："王老师，刚才您在课上问'哪个男生玩过娃娃'的时候，我儿子回头看我一眼，没有举手。其实，他小时候是玩过娃娃的。他五岁左右的时候，特别喜欢芭比娃娃，想要一个，我不给他买，不让他玩。他哭闹了很多天，我实在拗不过，才给他买了一个。他特别喜欢，玩了很长时间，现在还摆在家里面。但是我一直反对，不让他玩。"

我说："哦，我估计，孩子就是因为这个才没有举手。那您为什么反对呢？"

这位妈妈说："我害怕，我真的害怕。他从小是那种温柔、敏感的孩子，我从怀孕就一手带他，他很会关心人，很体贴。但是他玩娃娃我就会害怕。刚才你讲《威廉的洋娃娃》的时候，我就意识到自己做得不对。课间的时候，我跟他说：'源源啊，妈妈应该为你当初玩娃娃的事情道歉。'孩子说：'没什么啦，都过去了。'我想到当初孩子为了要一个娃娃跟我哭了那么久，我眼泪就出来了。我真是挺对不起孩子的。"

我表扬了这位妈妈："您主动道歉，很好。孩子看似漫不经心，其实心里收到了。不过，您怕什么呢？"

"嗯……我就是害怕……真的害怕。"

我暗暗叹口气："您怕他是跨性别？怕他要变性？怕他是同性恋？"

"是啊，我真的害怕。"

"孩子的性格、爱好，跟是否跨性别、是否同性恋完全没有关系。没有什么好品质是专属男性或女性的。就像您说的，你的孩子温柔、敏感、细腻，我想，他写字应该会不错，这个年纪的孩子写字最需要细心了。另外，课堂上，他也很活泼，也会踊跃发言，并且不会抢话。不要看到玩娃娃、毛绒玩具的男生，立刻就想到娘娘腔、不男不女，让孩子自由地发展自己的天性，做真实的不受压抑的自己才是幸福的。我们只要负责引导他不触犯法律、不违背基本道德、不侵犯他人权利就好了。"

快到上课的时间了，我只好快速结束谈话："退一万步讲，即使您担心的事情真的发生了，孩子是同性恋——虽然我不反对同性恋，但是同性恋在现实中的确面临很大的压力——您还爱他吗？您还要他吗？您还支持他吗？"

这位妈妈说："那还用说，我当然要啊，那是我的孩子，我当然爱他，当然支持他！"

"您知道同性恋不是'教育'出来的吧？您知道同性恋是不可改变的吧？"

"我知道，我都知道。"

"那您看看，您的担心、害怕，是不是没有意义呢？"

谈话到此结束了，接着开始了后两天的课程。

第三天晚上，最后的答疑环节，她对我说："王老师，我的刻板印象观念很强，而且在这方面对孩子要求也很严。"

然后，我们就分别了。

我每天会在群里发一张"性教育每日一句"图片，大多是我看书、看文章的摘录。有一天，我的"每日一句"内容是这样的：一个被"男孩样""担当""气魄"所绑架的孩子，或许能勉强迎合父母和世俗对他的期望，他却根本没有被很好地引导过。他们不知道该怎么接受真实的自己，也不知道该怎么和他人更自然地相处。

这个妈妈看到了，她发微信给我，问我这句话该如何理解，又说："我的孩子经常模仿女孩子走路或者跳舞之类的，小时候总想要布娃娃，我好像经常这样说孩子。"

这个妈妈一直在思考，一直在学习。

可是，上次我给她的回答是不完整的。这个妈妈更担心的，并不是什么跨性别、同性恋的问题，她担心的是自己以为"正确"的严厉管教会不会压抑孩子的天性，她是不是没有百分百地爱自己的儿子。

两个月过去了，我仍然时常想起这个妈妈的蓝色长裙，和孩子的橘色 T 恤衫。我仍然时常担心，是不是给了她误导和不恰当的否定。

直到写这篇文章，我又去这位妈妈的微信回了大段的文字，她回我："谢谢王老师，我一直在改变，我懂了。"

我很开心，也放心了。

在少年营里，我们跟每一个家长说，你们来这里不是为了陪伴，不是为了观摩，而是为了成长，和孩子一起成长。我知道这三天，对你们来说很辛苦，坐在后面，不可以参加活动，不可以随意走动，不可以说话，也不能玩手机。真心希望，你们与孩子和我们一起，学习性教育的知识和理念，学习和孩子相处、沟通的技巧，我们一起真正把孩子看作独立的、有思想的个体来尊重。

这个妈妈是每个家长学习的榜样。

执笔：王艺

✳ 当着孩子的面，家长是如何表达对同性恋的态度的？

性教育青春营里大部分是初、高中的学生，很多敏感问题无从逃避。其实，我们讲师从来不逃避，担忧的一向是家长，"同性恋"就是一个躲不过去的话题。

开营的家长沟通会上，总会有家长提出类似"能不能不讲同性恋，不能鼓励他们"的建议。我总是对家长们说："孩子们如果不提，我不主动讲；孩子们提了，我绝不回避，也绝不撒谎。"

孩子们从来没有让我失望，总是在第一天的上午，就把"同性恋""喜欢同性"这类词写在小组的讨论当中，我当然不会回避这个问题。

下午，我们就针对同性恋这个问题展开讨论。有一个环节，是我站在教室中间作为分界线，全班同学自由站队，一队支持同性恋，另一队不支持同性恋。然后，两边的同学就他们的立场进行发言。值得一提的是，在这个过程中，任何人都可以改变立场。每一次的青春营，都有人会在讨论过程中从"不支持"的一队换到"支持"的一队。

这一次，自认轻车熟路的我遭遇了新问题。让学生们选择立场，学生们经过一番走动后选好站定，全班 21 个学生，有三个站到了"反对"的一队。

突然有一个学生说："为什么只有我们选？家长也要选！"

我愣了一下，我一贯的原则是要回应学生的每一个提问和要求，我把头转向了观摩家长席："家长朋友们，孩子们已经表明了自己的立场，现在孩子们提了个要求——要看看你们的态度。"

我给了家长朋友们 20 秒的思考时间，然后问了一个问题："如果你的孩子跟你说，他／她是同性恋，你支持吗？"我请持支持态度的家长举手，大约有三分之一的家长举了手。由于支持的人数较少，我迅速地增加了第二个问题："如果你的孩子跟你说，他／她是同性恋，你反对吗？"还是有大约三分之一的家长举了手。

那些举起的手一直徘徊在我的心里，贯穿我整个课堂时间。课程的进展倒是一如我从前的经验。支持同性恋的人数太多，我为了让双方力量稍微"均衡"而站到了反对的一方。随着讨论的继续，有两个孩子也站到了支持的一方，而剩下的最后一个对同性恋持反对态度的同学是这样说的："我是真的不理解，为什么会有同性恋？也不知道他们是怎么恋爱的，我也从来没有见过同性恋。"

好的，孩子，我负责任地告诉你，世上真的存在同性恋，我没有撒谎，你可以带着你的疑问和困惑继续自己的生活。只是一定要记住，不理解并不可以成为歧视和攻击的理由。

当天的课程顺利结束了，孩子们出去休息，我给家长们进行当天的反馈和沟通会。第一句话我就点到这件事，我是这样说的："今天询问大家对于假如孩子是同性恋的态度，是我在青春营中第一次问家长这个问题。我忐忑了一下午，很难说这是好事还是坏事，有几点想法想和大家分享。不知道你们举手表态的时候，有没有和自己的孩子对视过？我和你们保证，孩子最关心的不是举手的人多人少，而是他们的父母有没有举手，自己的父母是站在哪一边的。孩子们关心的是，当他／她做出和你预期不同的选择时，当他／她要走自己的人生道路时，你们是否支持他／她。第一次举手的家长，你们赢得了与孩子有效沟通、建立信任的基础；第二次举手的家长，可能，只是可能，在孩子心中竖起了一道屏障，甚至可能让他／她质疑你的爱与关怀，而将之视为控制和规训，或许，真的是控制和规训；没有举手的家长，不知你们是心中犹豫、纠结、观望，还是想要与孩子沟通一下。不管当时持什么态度，下午的课程，相信你们看到了孩子们的认知、观点和态度，希望能对你们和孩子有所帮助。"

家长们在会上没说什么，在会后却排起了队找我"私聊"。排队的都是当时持反对态度或没有举手的，都想解释自己"反对"的原因。"总归不是好事""只是想不能支持吧""支持不就成了鼓励了吗"是他们常有的说法。也有家长问我："我现在后悔当时举手反对，担心如果因此影响了父子关系，该怎样弥补？"

最有意思的是，一个爸爸拿着手机给我看，在我们课程进行的过程中，孩子给爸爸发了一条微信："我不是同性恋，可你为什么不能支持我？"

就像我说的，孩子们在意的并不是同性恋问题，而是他／她以为无条件爱他／她的父母，是不是真的爱他／她。

我给每个家长的建议都是请他们等晚饭时跟孩子好好聊聊，询问孩子的想法，也跟孩子坦诚地表达自己的想法。面对"同性恋"这么敏感的话题，每个人都面临冲击，这很正常。沟通是基础，成长是关键，家长和孩子一起成长。

执笔：王艺

✳ 时不时地抓一下阴茎的孩子，不是在自慰

少年营的第一天课间，有一位妈妈把我拉到一边咨询问题："王老师，我之所以会带我儿子来参加性教育营，是因为我看到他有一个坏习惯，他会时不时地抚摸一下自己的生殖器自慰。"

"时不时地抚摸一下自己的生殖器？""时不时地"和"抚摸一

下"的说法让我有点摸不清频率和时长，我疑惑地反问："那孩子是在自慰吗？为什么时不时地抚摸一下生殖器？可以试着问一下孩子。"

我认为与孩子沟通，才能了解孩子摸阴茎的原因，有可能是为了满足性欲在自慰，也有可能是皮肤不舒服等。

这位妈妈描述着孩子的一些场景让我帮忙判断："比如，刚才上课的时候，我就看他坐着时伸手摸了好几次。现在下课了，在和同学玩耍时，也不自觉地把手放到生殖器那儿抓一下。我觉得他就是在自慰，我很担心他会自慰。"

听到她对孩子自慰的担心，我马上轻松地告诉她："自慰是一个正常的现象，不需要担心，顺其自然就好。您是顾虑他有自慰的现象，还是顾虑他时不时地自慰是发生在公众场合呢？"

她想了一下，回答我："我都很担心！"

由于课间休息时间短，我用了最简短精练的话语，把自慰该有的态度和注意事项告诉了她："可以告诉孩子，自慰是一件私密的事情，不适合在公开场合做。自慰也需要注意卫生，注意方式方法，不要伤害到自己就好。"

上课时间到了，她对我表示感谢，便回到观摩座位上去了。下午下课，她又找到了我，苦恼地说："我听了您上午的建议后，利用午饭后的时间和儿子沟通了一下，沟通得并不顺畅。"

"为什么呢？"我好奇地问道。

"我儿子认为我在胡说八道。不过，他愿意跟我一起来请教您，请问您什么时间方便呢？"她非常客气和礼貌地征求我的意见，像是要约一个完整的时间和私密的空间来认真探讨一般。

这时，她的儿子走过来搭着妈妈的肩膀，加入我们的谈话中。

这个男孩非常坦然地告诉我："我妈妈非说我在抓生殖器，我根本就没有！"说完这句话，他的手又不自觉地往裤裆的位置抓了一下。

出于对学生身体权的保护，我用余光看到他做了那个动作，我问他："那妈妈是怎么误解的呢？"

"我就是这里不舒服，哎呀，怎么说呢？！"孩子指着阴茎及周边的部位，迫切要表达却不知道如何才能说得清楚，显得有些着急。

我便引导着问他："你是觉得阴茎不舒服，还是阴茎周边的哪个部位不舒服？"

他拉了拉大腿内侧的裤子说："裤子勒得我左右两侧都不舒服。"

我听到了"勒"，便抓住关键词猜测道："是你穿的裤子太紧了吗？如果不穿裤子或者穿宽松的内裤和外裤，还会觉得不舒服吗？"

他仿佛遇到了知音，急切地回答："对，就是裤子太紧。特别当我坐着的时候，我大腿内侧勒得难受。"

我跟他妈妈说："您看！他并不是在自慰，只是因为裤子太窄才伸手去拉裤子，给他换件宽松的裤子，他就不会有不时抓阴茎的动作了。"

妈妈对我表示感谢后，立即责怪孩子："还不是因为你，每次我给你买裤子的时候，你都不去试。我精心挑选的裤子，你现在又觉得不满意！"

我边整理教具，边看着这位妈妈和儿子离开的背影，打量了一下儿子穿着的 Kappa 紧身版型的运动装，我知道不是妈妈不小心把裤子买小了，而是她挑选的款式并非儿子喜欢和适合的。"妈妈买什么，孩子就穿什么"的现象在这一代的孩子当中普遍存在。当孩子可以自己为自己挑选衣服，打造喜欢的自己时，将有助于孩子更关注自己的喜好和需求，这是一件父母可以从小放手让孩子自己去探索的事情。

有一句流行的话说："我不要你以为，我要我以为。"从某一个方面也体现了很多家长在家庭教育中的"权威"和"规训"。家长遇到任何问题，可以先跟孩子了解情况，倾听孩子的感受，避免将自己的担心错误地放大。

执笔：王晓斌

✳ 八岁男孩爱看"小黄文"？爸爸想多了

性教育少年营中，有一个爸爸告诉我："我儿子八岁，热爱阅读，我偶然发现他会用我的手机订阅'小黄文'，我不知道该如何处理。"

我明白这个爸爸的担心。我想，首先要确定孩子看的是不是"小黄文"，其次就孩子的兴趣和文章内容给予正确的引导。

课间，这个男孩来看我准备教具，我刻意与孩子交流网络阅读的话题。这位爸爸假装路过，抓住机会对孩子说："你把你最近沉迷的故事介绍给王老师，跟王老师描述下故事的情节。"

孩子笑了，开始坦然地介绍："那是关于一对情侣的故事。他们原来是小学同学，长大后，男主角成了一家公司的老总，在一次出差的时候重逢了女同学，他们一起吃饭，一起聊天，男主角会送女主角回家，他们约定好下次见面的时间。"

我听着孩子的描述，内容与父亲说的"小黄文"相差甚远。我不确认孩子介绍的是否就是爸爸说的"小黄文"。

我又问："这个故事在哪些方面吸引了你？故事中的什么内容最满足你的好奇心呢？"我想通过孩子对这个问题的回答来判断是否与性和情色有关。

"我喜欢同学之间久别重逢的感觉。我希望我和我们班的同学在长大后还能重新在一起。到时候，我也事业有成了。"小男孩幻想着，描述着。

我说："所以这个故事吸引你的是他们之间的同学情，还是他们的爱情吸引了你？"

小男孩告诉我是友情吸引他。

我相信很多网络小说会通过对爱情、性和情色的描写起到吸粉的作用，但是从小男孩的描述中，他并没有把它当作色情品来看。他是因为偶然看到故事的片段而爱上的这部小说，对与性有关的情节没有太在意。但是家长为什么会认为这是"小黄文"呢？

过后，我问这位爸爸："您作为成年人，从成人视角来判断，孩子看的是'小黄文'吗？"

爸爸说："对成人而言，这个小说没有多少'色情'的成分，但是对小孩子就不适合了。"

一部没有描写性交等情爱画面，也没能撩拨太大性欲的小说，不是色情品。

我告诉他："判断一部小说或者一篇文章是不是'小黄文'，是根据它的内容决定的，不是根据阅读的对象是孩子还是成人。既然您觉得这部小说不是'小黄文'，那么它就不是。"

他告诉我："这部小说，并没有描写性交的细节，但是有爱情的画面，小说中，有对心跳、牵手和拥抱的描写，我担心孩子过早地对'爱情'类的故事感兴趣。爱情故事对孩子而言，不就是'小黄文'吗？"

很多家长看到孩子关注"爱情"就紧张。其实，爱情是美好的，孩子会对爱情故事感兴趣是一件好事。孩子无论恋爱与否，他可能已经开始在思考与恋爱有关的话题了。当孩子在看爱情故事的时候，他也在经历爱的体验，从中获得很多资讯来学习选择什么是自己想要的爱情，什么是自己不想要的爱情。孩子会从各种爱情故事的主人公那儿，获得在爱情中面对不同问题的不同处理方法，慢慢构建自己的恋爱观。

我说："我们应该关心的是如何通过孩子感兴趣的故事，给孩子建立一个健康和积极向上的爱情观，让孩子学习到自主、健康和责任，而不是单纯地去阻止孩子看与爱情有关的书籍，也不该简单干涉孩子学习和感悟爱情故事。"

他告诉我，他发现自己的担心是多余的，主要还是因为自己原来的教育方向错了。

我说道："当然，如果孩子被里面与性有关的文字和性爱的画面所吸引，着迷于此，非看不可，那么家长一同阅读，对书里的错误内容能够及时给予孩子价值观的引导，也是解决问题的一个好方法！"

他回应道："在孩子特别感兴趣的时候，是无法阻止的，还是要像您说的，陪孩子共读，再去引导吧！"

我发现这位爸爸已经从一开始的担心和极力想阻止孩子看"小黄文"，发展为愿意与孩子共读和正面引导了。

执笔：王晓斌

✳ 家长们为什么不讲这些？

第15期"猫头鹰"性教育少年营在厦门举行，第三天下午，由我给孩子们讲授青春期的变化。我发现，家长平时对孩子们是不讲这些东西的。家长会上，我会和家长们讨论为什么不讲这些。

1. 知道月经，却不知道遗精。

课堂上，我用两张身体图启发孩子们思考男生和女生各有哪些青春期的变化，请他们写在便利贴上，分别贴到男生和女生的身体图上。从孩子们贴的纸条看，少年营的孩子们都知道女生青春期会来月经，但是没有学生写男生青春期会遗精。

当我抛出"遗精"这个词，便有学生积极提问：

"遗精是什么？"

"遗精多久会来一次？"

"遗精后整条裤子都会湿吗？"

我给大家讲解遗精的生理知识时，孩子们听得聚精会神。

课后的家长会，我引导家长们思考，为何孩子们都知道月经，而不知道遗精。

有家长分享："我会跟我儿子介绍月经，是因为我儿子在学校看到有女生来月经沾到裤子上了。"我将这个总结为最主要的原因：月经的颜色显而易见。月经的颜色是红色的，孩子们在日常生活中，有机会见到用过的卫生巾或者擦过月经的纸巾，便因为好奇心而去讨论、探索，而获知月经。

还有一位家长说："我跟孩子介绍过月经，是因为月经需要使用卫生巾，而遗精并不需要，所以没必要告诉孩子。"我将这个原因总结为：月经有卫生巾的使用需求，遗精没有。虽然月经需要使用卫生巾，遗精不需要，但是遗精需要勤洗澡、保持干净、勤换内裤等。遗精不像月经外漏一样显眼，但也要让孩子懂得它和"月经来了要使用卫生巾"一样重要。

有家长说："没有跟孩子介绍遗精，一是因为羞于开口，二是因为不知道如何谈，但是今天观摩性教育少年营，就系统地学习到遗精的原理和遗精该注意的事项，以后也知道如何与孩子介绍了。"

孩子们通过性教育营的学习，已经学习到遗精的相关知识。性教育营已经为孩子打开了自己去探索和学习更多科学的性知识的大门，也为家长和孩子建起坦然谈性的沟通桥梁。面对所有不知道如何跟孩子解释的问题，建议家长们：与其选择回避，不如先学后教。

2. 知道卫生巾，却不知道如何选择卫生巾。

课堂上，孩子们都知道来月经要使用卫生巾。当我介绍"有耳朵"的、"没耳朵"的、护垫、棉面的、网面的、薄的、厚的、标准、加长、日用和夜用的卫生巾时，孩子们惊叹品种丰富，感叹规格多样。孩子们在来性教育营之前，都知道卫生巾，却不知道如何选择卫生巾，包括已经来了月经的孩子。

已经来月经的女同学说："我的卫生巾都是妈妈给我买的，妈妈让我用哪款就用哪款，我不知道还有这么多种类。"

少年营的家长会上，有妈妈说："我以为青春期的孩子在面对身体的变化时会很羞涩，我担心她不好意思去超市选购卫生巾。甚至，从来没有跟孩子谈论卫生巾的使用方法。"

这位妈妈认为孩子是羞涩的，我便启发家长们思考羞涩感从何而来，有可能是受到家长"谈性色变"的价值观的影响，也有可能是孩子不懂得接受自己青春期的变化。当我们可以大大方方地与孩子探讨月经，可以带着孩子一起选购卫生巾时，就可以解决孩子这份"羞涩"背后对月经的不坦然和不悦纳。

对卫生巾材质和大小的选择，因人而异。家长不能只引导孩子使用自己喜欢的，而要给予孩子自己选择的权利。这个理念不单单在卫生巾的选择上，在内裤和内衣的款式及材质的选择上，也如此。

3. 知道卫生巾，却不知道卫生棉条和月经杯。

经过调查，这个少年营里，没有孩子在来少年营前知道卫生棉条和月经杯。

前一天的家长会上，当家长们知道我第二天会讲卫生棉条和月经杯的使用时，便有家长提出顾虑："塞进阴道的东西总是要小心，怕孩子因为使用的卫生棉条和月经杯的质量不过关而感染妇科疾病。"

其实，"存在即合理"，既然会有卫生棉条和月经杯，表示它们是可以放心使用的。要避免妇科疾病，就要引导孩子到正规商家买正规厂家生产的以及材质适合自己的卫生巾、棉条或月经杯。

还有家长在少年营的家长会上提出顾虑："卫生棉条会不会把处女膜弄破了？"

从卫生棉条的设计尺寸和结构上看，它是不会损伤处女膜的，但是这句话通常都无法完全消除家长的顾虑。从性教育的角度讲，这个问题的本质不在于卫生棉条会不会伤害处女膜，而在于家长们对处女膜的认识和态度需要改变。很多家长受到旧社会男尊女卑错误观念的影响，将处女膜禁锢在女性贞操观的压迫中。家长们应该知道：男人对女人处女与否的在意，是男权对女性的占有欲和控制欲，我们不能把男孩培养成这样的男性。是否有处女膜，不能作为一个女性好不好的判断标准，我们要鼓励女孩摆脱旧观念的影响，把自己培养成独一无二的个体，未来选择与坚持男女平等、婚恋自由、互相尊重的人相爱和结婚。所以，对处女膜的在意，不能成为不让孩子使用卫生棉条和月经杯的理由。

4. 知道要穿合适的内衣和内裤，却不知道如何挑选。

当我抛出如何挑选内衣和内裤的问题时，孩子们纷纷回答：

"穿起来舒服的！"

"大小适合自己的！"

但是，当我问："如何选择内衣和内裤的尺寸？"

大家都很茫然，摇摇头，孩子们告诉我平时都是妈妈帮忙买的。

我在课堂上引导孩子们学习如何选择内衣和内裤的相关知识，当我图文并茂地讲解测量上胸围和下胸围的方法时，不但孩子们认真听着，而且观摩的家长们也伸长脖子专注地学习着。

在少年营的家长会上，有家长说："直到今天我才知道如何科学选择胸罩的大小，以前都是试穿着基本舒服就买，始终如一地买同一个尺码。"

"您女儿的胸罩呢？您也是带女儿去试穿的吗？试穿也是一个好方法。"我回应道。

家长回答我："我女儿刚进入青春期，乳房增大并不明显，我没有带女儿试过，我是凭自己的感觉给她买的。"

提到男孩子的内裤，在座的家长们都是挑选自己觉得合适的款式给孩子穿，有一位妈妈说："直到今天听完课，我才开始思考，我儿子是想要穿四角裤还是三角裤？这是我以前从来没有想过的问题。"

我说："我们花光心思去想孩子需要什么，不如教给孩子方法，让他们拥有自己选择的权利。"

"对！家长既轻松，孩子们也穿得更舒心。"一位家长应和道。

执笔：王晓斌

✳ 艺考生的妈妈接受不了女儿看情色片

在观摩青春营的时候，有一个女孩特别吸引我。在谈论"支持的性"和"不支持的性"时，她会列举电影《五十度灰》的情节来表达自己不支持 SM（虐恋）；在讨论"未来的人生伴侣"时，她会希望自己未来的老公像影片《北京遇上西雅图》的男主角……

她以电影达人的形象，吸引了我！当我坐在观摩席表达对她的称赞时，她妈妈跟我表达了与电影有关的困惑："我女儿刚参加完高考，她是艺考生，热爱传媒和影视创作。她在编导专业的艺考考前培训时，会看很多电影，其中有一些影片是有性交的镜头的。我女儿告诉我们，那是艺术品，是用来作为创作的素材的。她的专业老师甚至会要求以某个片子做影片赏析作业，她会在家里当着家人的面大大方方地看。我也分不清女儿是真的需要学习这些，还是仅仅是自己想看。我们对她看那些电影还是有抵触心理的。"

我告诉这位妈妈，我很相信她女儿说的话，因为我是南京艺术学院音乐艺术管理专业毕业的，我们学校影视编剧专业的同学确实有影片赏析的课程和作业，不乏要研究色情片和情色片的拍摄技巧。我告诉这位妈妈："这是专业学习和未来艺术创作的需要，不需要太在意。"

她说："对的！我就是接受不了女儿看那种电影，我害怕是色情片，所以才带女儿来参加性教育营的！"

其实，这位家长在担心女儿看影片的背后，是对女儿看色情片的担心。因为色情片以性为主，几乎没有人物关系和具体故事情节，更多的是赤裸裸的阴部特写和性交。这也是情色片和色情片的区别，情色片很少有性器官的特写和性交，极少量性爱的镜头，更多的是艺术性。

当我把色情片和情色片的区别告诉了她之后，她为情色片作为艺术品的性质感到轻松许多。于是我问："如果孩子看的影片与性有关的话，您会有哪些顾虑呢？"

"我会很担心，但是说不清担心什么。"她回答道。

很多家长是担心孩子看了色情片或者情色片后会去学习，会有对自己不负责任的性体验。于是，我从负责任的角度安慰她："今天下午方刚老师讲到色情品的时候，已经告诉孩子们'色情品不完全是性爱和亲密关系的教科书'，所以孩子们会去识别哪些是真实的，哪些是艺术的手法，更何况您女儿作为专业学习的需要，会更多地关注拍摄技巧。昨天上午，方老师跟孩子们说'支持的性'和'不支持的性'时，已经引导他们遵循自主、健康、责任的性爱原则，所以孩子们不管发不发生性行为，都会懂得对自己和他人负责的。"

这位妈妈继而告诉我："我总觉得男孩子看色情品很正常，女孩子却不一样，即使我女儿是专业学习需要才看的情色片，我也总担心别人知道了后会觉得她不是正经女孩。更何况，我女儿对她看过的电影，会毫不避讳地与人谈论。"

她女儿确实在课程的讨论中会大方地举某部电影中的人物和故事来阐述自己的观点，她有着坦然谈性的价值观，很值得肯定。但是，妈妈的担心，却充满了性别刻板印象，也缺乏了男女平等的意识。

这位妈妈错误地认为女性不应该关注性，不应该追求性。她害怕女儿被认为是"不正经"的女孩，因为她错误地认为女人追求性是羞耻的。那是被不同的性道德标准构建的女人的普遍想法，也是很多人的误区。

我告诉她："男人和女人有平等地接受教育的权利，男人和女人也有平等地谈论性和享受性的权利。只要有男女平等意识的人，都不会对女生谈论性持有偏见的；持有偏见的人，都是缺少男女平等意识的人。"

我只是从"女生可以谈论性"的角度，来消除妈妈对外界眼光的在意。我又继续从"女性追求性大有好处"的角度，试图增加她对女性谈性的包容度。

我问她："您觉得大多数群体中，是男性获得性高潮更容易，还是女性更容易？"

"那当然是男性咯！"她快速地回答我。

我问："您知道为什么吗？"

她想了一会儿，很茫然地摇摇头。

我说："因为传统文化对男性的允许，使得男性比女性更多地谈论性和追求性，所以男性更容易享受到性的愉悦，更容易感受到性带来的快感。"

"喔！"妈妈恍然大悟，"所以当女性被文化允许谈论性和追求性时，女性也会更'性'福！"

女儿大胆谈性的态度是好的，看影片需要正面地引导。而让妈妈懂得区分和正确看待色情片和情色片，引导她意识到"男女都有平等谈性"的权利，不论对女儿，还是对她自己，都会有帮助。

执笔：王晓斌

✳ 妈妈发现了儿子藏的色情光盘

少年营刚开课，一个十岁男孩的妈妈追问了我三次："何时才能在这个城市开青春营？"

这位妈妈急于让十岁的孩子上青春营是有原因的。这位妈妈偷翻过孩子的抽屉，看到了一张光盘，封面是两个裸体男女正在做爱的画面。妈妈惊慌失措地把光盘放在客厅的桌上，等到孩子放学回家后，严厉地质问孩子："为什么会看这样的光盘？"并要求他以后不可以再看。

不久，她发现儿子的床垫和床头柜底下藏着色情光盘，她不明白批评和阻止过后，孩子为何还会"再犯"，不知所措的她给孩子报名参加性教育少年营。

我告诉这位妈妈："您偷翻孩子的抽屉，已经侵犯了孩子的隐私，这个行为不能有。批评和规训的方法不但没有解决孩子看色情品的问题，还使孩子的'秘密'对您隐藏得更加隐蔽了。"

她说："是啊，我还找了心理老师给我的儿子做了辅导，但是我不确定是否解决了问题。因为做完辅导后，我儿子告诉我，他知道不可以看，却忍不住想看。"

听完妈妈的回答，我想孩子能愿意接受心理老师的辅导，想必也愿意直接跟我对话色情片的话题。我建议妈妈在孩子愿意的情况下，带孩子找我。

那天晚上，妈妈带孩子到我的房间，当妈妈说到"抽屉里发现"我便及时介入关于保护孩子隐私的话题，让妈妈当着孩子的面认识到自己侵犯孩子隐私的行为是错误的，妈妈也当场向孩子道歉。这个道歉，也使孩子更加坦然地表达自己的真实想法。<u>当父母可以保护孩子的隐私时，就可以构建互相信任的亲子关系。</u>

对于色情品，孩子跟我坦言："我一开始只是好奇，想看看是什么样的，但是还没有看就被妈妈发现了。妈妈说我看片子就是'思想肮脏'，但是妈妈越不想我看，我就越忍不住好奇。"

这位妈妈的阻止显然是没有意义的，在还没有问过孩子光盘的来源，还没有倾听孩子的心声，就给予严厉批评，并给孩子"思想肮脏"的污名，错过了第一时间给孩子做性教育的机会。

当我知道孩子的色情品是同学帮忙从网上的店商私信订购来的后，我告诉他："色情品在我国的法律中是不被允许传播和贩卖的。"

妈妈急切地问我："王老师，他为什么这么小就对性产生好奇？他是不是比较早熟？他是不是比较早就有了性冲动啊？"

听到妈妈如此紧张和夸张地发问，我笑着说："您太紧张了，青春期的学生对性产生好奇是正常的，是性成熟的体现。您总不希望您的孩子对性不好奇或者对性冷淡吧？"我接着说，"孩子一开始只是想要满足自己对色情品和对性的好奇心，我们应该给予孩子满足好奇心的权利，只是满足的方式多种多样，可以有所选择。"

"色情品是成年人用来挑逗、撩拨和激发成年人性欲的东西，你还是青少年，还没有性伴侣，不建议看。但是如果意外看到了，或者为了满足好奇心而看了，也没有关系，很正常，不用感到焦虑。"

我感受到了他对自己的禁止和压抑，反而强化了好奇心，我希望通过自己轻松平淡的表达，可以让他不再自我谴责，不对自己污名。

"孩子看了色情品后，去学习做爱怎么办？"妈妈仍然有些疑惑。

我当着孩子的面告诉她："孩子看了色情品不代表他就会去做爱。色情品里的人物、动作和场景的设置是有一定的艺术手法的，不能完全被当作性爱和亲密关系的教科书。"

针对家长说的担心孩子做爱，我又继续说："满足孩子好奇心的同时，要给予孩子性的责任教育。像今天课上讲'我从哪儿来？'让孩子们认识到男女通过性交孕育孩子的过程，随即带领孩子们探讨'我们现在可以做爱吗？'的话题，就是在培养学生的责任意识。"

男孩马上接了一句："自主、健康、责任。"这三个词就是我们课堂上带给孩子们的价值观和理念，每个同学和家长都烂熟于心。

虽然性是件美妙的事情，但一个有责任感的人，不一定会在未成年的时候就开始尝试。因为孩子们已经学会评估自己是否有对自己和对他人负责任的能力，学会做出是否发生性关系的决定。

我说："不同年龄的时候，要做不同的事情，现在这个年龄在性方面可以做的，更多是幻想与期待。因为要把全部的精力用在学习上，专注于学习，同样，这也是责任感的一部分。所以，只要在少年营受过责任教育的孩子，便可以不再担心他会不会去做爱。"

第三天下午，这位家长在心得卡片上写下一段话，其中一句话是："谢谢王老师，让我原本感觉天塌了的事情，顿时烟消云散，一切都不是事儿！"在现实生活中，孩子们总会或多或少地接触到色情品，如果家长太过于紧张，对孩子看色情品的现象极力阻止甚至"污名"孩子，孩子将无法坦然和轻松对待。越是阻止，越有欲望。家长应该让孩子以平常心看待色情品，要有"不把它当作一回事"的心态。

执笔：王晓斌

✳ 全身不许碰，有错吗？

有一年夏天，在少年营上，我给孩子们讲身体权。

首先，我让孩子们在一张画有孩子身体的图画上用红色、黄色、绿色三种颜色涂出他们不想被别人触碰到的地方、不确定能否触碰的地方、可以被触碰的地方。有的孩子用红色涂了胸部和臀部，有的孩子涂了头顶，有的孩子涂了胳膊，有的孩子涂了脸，还有的孩子涂满了全身各处。

我问那个用红色涂了整张脸的孩子："为什么要把整个脸全涂成红色？"他说，在他小时候，他爸爸打他，打的就是脸，现在想起来，还觉得被打脸的地方火辣辣的。是这样的，有时候，我们可能忘记了当时的情绪，但身体的记忆是清晰的，甚至是永远的。从这一点上看，家长们是不是要停止打孩子呢？停止家暴！

我又问那个把全身各处都涂了红色的孩子："为什么要把全身都涂成红色？"她说："爸爸妈妈告诉我，我是女生，不允许别人碰我，要知道自我保护。"

身体权，是我们保护身体不受他人侵犯的权利。不想让别人触碰的地方，不让别人触碰是对的，没有问题。对于身体的触碰，有的接触是好的，有的是不好的，不能为了防止不好行为的发生，就全部拒绝吧。什么是好的触碰？这个可能因人而异。如果是我，我觉得来自好朋友的拥抱、家人的拥抱等，这些都是我能接受的，而且会很开心。这样的接触代表了亲密、亲近、被喜欢，尤其是在你正承受压力、情绪低落、沮丧的时候，多来点这样的触碰还能帮你减压、改善情绪、抵御寒冷呢。

我猜，这个女生的家长，给孩子灌输这样的观念，是要帮助孩子预防性侵犯、性骚扰，甚至强奸吧。预防性侵犯、性骚扰、强奸可不是仅靠减少接触就能实现的，要靠智谋和胆量。有一项很重要，那就是，生命是第一位的。

还有重要的一点是，我们可以去触碰别人不喜欢被触碰的地方吗？不可以！所谓己所不欲，勿施于人，我们要尊重别人，尊重别人也是尊重自己。

执笔：张平

✳ 性教育营的第一天晚上，儿子含着眼泪拥抱我

儿子将满 14 岁，我带他来了方刚老师的猫头鹰性教育青春营。

第一天早晨先是家长会，方老师坦言，三天的时间不能马上解决孩子青春期面临的所有性教育问题，但他认为只要参与了，这三天时间对孩子的影响将是深远的，也许某一天这个作用就起到了。方老师同时说，家长有任何困惑都可以提。而家长们较为担心的是：孩子比较单纯，对"性"本来没啥想法，会不会在听课之后反而给"搅混"了。方老师的回答是："性教育"不是"性教唆"，性教育是有专业背景的，懂得"性"更利于孩子成长。

我注意到一个细节：给孩子们上课之前，方老师让坐在后面观摩的家长退后，离孩子们远一点，他说："最好让孩子们忘记家长的存在。"他还强调，三天时间内，家长不要到前面给孩子送水果，送零食，不要打扰孩子的学习。他希望和家长们达成一致的教育态度：鼓励孩子成长，让他们自己探索人生。

坦白说，我给儿子报名的一个重要动机，是希望他可以学会和别人合作。他不喜欢和别人交流。这天早上进餐厅，他黑着脸说找

一张空桌坐，不要跟人拼桌。我逢人就打招呼，还让他一起也打招呼，他觉得好尴尬，很不愿意。我很生气，觉得他不会交往，我帮他找朋友，他还不领情。

第一天早晨的小组建设环节，需要所有组员交流合作。我注意到，孩子们在陈述自己的理想时是认真思考的，在给团队起一个好听的名字时更是严肃认真，这个过程有交流有合作。我儿子也开心地参与其中。你不会想到，在一个小时以前，他还是一个与同伴关系紧张的人。但我没从他的角度考虑，不思考他为什么抗拒，对他而言，我的爱心变成了压力。现在看到他和刚认识的同学交流，跟组内成员互加微信，我的内心是喜悦的。

上午满满三个小时，在方老师的引导下，36个孩子从说"屁股"的羞怯到大大方方谈"性"，这样大踏步的跨越在不知不觉中已经完成。中午不到一个小时的休息时间，我和儿子每人端着一个盒饭交流：他多少岁可以接受性行为，能不能在众目睽睽下做爱，把"鸡鸡"改称为"阴茎"，没有性行为会不会传染艾滋病，儿子参加冬令营后会不会因为好奇反而沉迷于"性"……在几个小时前还看似雷区的性话题，在我和儿子的坦然交流中全部化解了。

第一天晚上，方老师给孩子们留了四个课后作业。我儿子主动举手承担其中一个——关于"月经"的话题。很快，他们今天刚组建的微信群就有同学给他发来相关资料；接着，他就约了刚认识的来自太原的同学一起吃晚饭，一起讨论合作完成课件的问题；随后，两个男子汉就在酒店房间开始了繁忙的工作。用了一个半小时，他俩完成了关于"月经"的作业，态度严肃、大方。

这是那个曾被我认为不会和同伴交往的儿子吗？一天时间脱胎换骨了？也许你不以为然，但儿子含着眼泪告诉我他拥有了朋友的一刹那，我抱着他激动得微微发抖的身躯，我知道春天已经来临。

第二天的学习从游戏开始。

大家围成一圈，挨个数数，轮到七或者七的倍数就出局。儿子第一轮就被淘汰了。他自顾自地回到座位上整理物件，而我认为他此时应该按要求站在队伍的外围。不过我忍住了叫他回到队伍中的冲动，只是静静地观察：他一边整理物件一边看着大家游戏的进展，整完手上的物件，他很快又回到队伍外围的位置。

可见，他很清楚自己在做什么，也没有耽误下一轮游戏的时间。于是我感慨：原来我给他贴上他没有时间观念、团队意识淡薄、不会沟通合作等标签，只是缘于我的焦虑。

分享前一天课后作业的时候，儿子上台介绍"月经"，他声音洪亮、语速适中、态度大方，当说到"月经期间内分泌变化，还可能会脾气不好"这句时，儿子笑着说"我妈妈就这样，我以后会对她表示理解和关心"，这获得了大家的掌声，我坐在后面内心非常感动。

活动中，方老师请一个书法好的同学上台帮忙记录，组员马上推荐了我儿子。他也主动举手上台，白板上留下的字工整漂亮，获得了方老师和同学的掌声。

三天性教育青春营，儿子积极参与，他的表现也让我刮目相看。

最后一天的家长会上，有几位家长建议方老师给孩子们明确规定可以有性生活的时间。我不去评判这个想法，我看到的是建议背后家长深深的焦虑，我特别理解家长们的担忧。在性教育上，我也曾有过上述家长们的想法，也曾担心孩子参加活动之后激起了他的好奇心，然后沉溺于"性"怎么办。跟孩子一起听了两天课，听方老师多次提及"自主、责任、健康"的三原则，我已经放心很多了。这何止是性教育理念，在教育孩子的方方面面同样适用。

从生活到学习，我都担忧儿子做不好，总是以爱的名义干涉他，以过来人的身份指点他。但是，儿子却不领情，反而事事都对抗。在他看来，我担忧的潜台词就是"不信任"。他的对抗就是告诉我：

你要信任我！

　　这三天，尽管对他的课堂表现，我还有很多建议，但是我克制自己：不要用嘴巴告诉他该怎样，要用眼睛看他做什么，用耳朵去倾听他说什么，用心去觉察他想什么。

　　有个女孩子在课堂上总自作主张放音乐，他对我说："课堂的音乐声很吵。"

　　我问："为什么不抗议？"

　　他说："那个放音乐的女孩跟别人不太一样，如果抗议，担心会伤害她。"

　　事后我知道，那个女孩子患有唐氏综合征。我为儿子的选择感到开心。

　　辩论支持或反对同性恋的时候，儿子选择站在了同性恋的支持方。有一个持反对观点的同学站到了所有其他同学的对立面。我问儿子："你对这个同学怎么看？"他说："很佩服他的勇气，也尊重他的选择。"

　　能站在对方角度思考，能尊重、包容、接纳别人的不一样，是儿子给我的最大惊喜！

执笔：蒙乐霜

✳ 我学会了如何做家长

　　三天的赋权型性教育营到了最后一天，教室前的孩子们讨论热烈，早已经放下了第一天的拘谨。这天一整天的话题都是围绕"如何处理一段感情"。教室后焦虑紧张的观摩家长们，也终于放轻松了，时不时爆发出掌声和笑声。

无意中听到一位妈妈自言自语说："哎，假如我们当年都这样学习思考过如何处理一段感情该多好！"

夏令营是我推荐给姐姐的，外甥到了青春期，不愿意妈妈"窥探"自己，我于是接受了临时身份，充当"家长"。戴上了夏令营发的"家长"徽章后，我顿时就入戏了，从眼神到注意力时常往外甥身上跑。

他怎么不举手回答问题呢？他要是举手，瞬间我的耳朵会竖起来听；哇，他们小组讨论还挺激烈；这么好的电影，他怎么时常低头玩手机呢；哎呀，会不会错过关键情节啊；老师关于电影的观影思考题，他还记得不；这个情景剧他居然是编剧……

当我"家长"角色上身后，这一系列的自动反应都跑出来了，而身边其他的家长们也大多跟我一样，个个伸长脖子，盯着自己的孩子，不想错过一个细节。

直到课间休息时，我和外甥聊天讨论电影情节，发现他居然记得剧中一个仅出现几次的配角的衣服颜色。于是我趁机问："我看你时常低头看手机，还能这么仔细？太厉害了。"他告诉我："其实我都在听，在看的，只是有些情节，我觉得看得心里好难受，我就低头看看手机，不想看那么残忍的画面。"

这一段对话瞬间点醒了我，为何"家长"总会习惯用自己的"以为"去揣测自己的孩子呢？

当天课程结束后的家长会，我们也和方老师特意讨论了这一点。几乎所有的家长，都会下意识地想让孩子表现出我们期许的样子：乖巧听话，积极参与，踊跃发言，最好还能带领小组成为领袖……

这些观念根深蒂固，代代相传，已经成了一个烙印，从我们小时候就开始深入骨髓。所以即便我是个临时"家长"，又是个懂得要尊重、信任、允许孩子犯错的教育工作者，我仍然会习惯期待，习惯想掌控，习惯担心。不是因为那些道理我不懂，是因为我从来没有练习过：以母亲的角色，遇到每一件事都练习尊重，练习信任，练习放手，练习打断自己的强制干预。所以当测试题到来时，那些短暂背过的"道理"，哪里拼得过从小从自己父母那里学来的答题思路，自然是"脱口而出""完美呈现"了。

后面的两天课程，我开始不断练习自己，让自己放手让他参与，不过分关注他，给他信任和尊重，让他自己决定用多久手机。我相信现场的大部分家长也一定经历了这个过程，这个便是增加能力、赋予权利的过程。

不知道中国学生是不是全球做过最多练习测试题的孩子，假如做测试题有世界杯，我们大概总能问鼎冠军吧。也因此，我们好像对考试都是恐惧的。

可是方老师的教学很独特，在性教育讲师培训中，他几乎没有灌输给我们知识，给我们的几乎都是价值观，都是需要探讨和思考的。

在三天的课程里，孩子们没有像平时的课程一样被灌输一堆的知识和道理，甚至第二天涉及的青春期生理知识，都是前一天分派给各小组自己搜集整理做成 PPT 或者写在大白纸上。第二天分小组汇报，然后就每一个话题，所有孩子进行讨论、分析、发表意见、总结、查漏补缺。

但是短短三天的课程里，孩子们要解答方老师给出的大大小小起码 100 个以上的真实场景的"测试题"。关于 20 年后的人生目标，关于电影中被性侵犯孩子的自我保护支招，关于性骚扰经常发生的地区，你的同学来月经裤子弄脏了你如何帮助她？青春痘是怎么回事？有一段感情你会怎么处理？表白后的结果可能是哪些？成功了会有什么问题？失败了怎么面对失恋？暗恋有什么优点和缺点？如何处理会更好？可能面临什么后果？……

这一个个真实场景的测试题，不用背答案，也没有标准答案，没有批判，没有指责，没有答题的压力，只有鼓励和引发进一步思考的提问。

三天润物细无声的滋养，孩子们可能讲不出几个专业名词，但是他们一定记住了自己探讨梳理争论得出的那些重点，一定记得分享完那些案例和故事后讨论的处理方式，更是增加了自己独立思考处理问题的能力。

回到文章开头那位家长的感慨，我听到她说"假如我们当年都这样学习思考过"时，心里是酸涩的。每一个成人，都是从孩子长大的。我从事成人的身心成长培训多年，遇到过无数受创伤的案例：幼年被性侵，成年人被性骚扰不敢反抗也不懂处理，小时候因为"娘娘腔"或者"女汉子"被取笑甚至欺凌，月经来了以为自己患重病会死掉，男生自慰又自我谴责直到恶化成强迫症甚至精神崩溃，不懂处理一段感情，意外怀孕做人流，药流出意外致终生不孕……

这些人很多即便事业有成，成家有孩子，却仍然很难从那些阴影里走出来，只能尽量把负面影响降到最低。

假如他们当年有机会学习好的性教育呢？假如当年我们不仅做文化课的测试题，父母还能放手让我们多做人生的"测试题"呢？结果会不会大不相同？

放手不代表撒手，从小多让孩子练手处理事情，才不至于遇到大问题时不知所措，这样他才能交出自己撰写的完美答卷。

执笔：韩伟

✻ 我爸 60 多年的观念居然变了

性教育少年营第二天，课间休息的时候，一位家长专门找到我，眼里闪烁着光芒，情绪有些激动地对我说："赵老师，我太感谢您了！昨天下午因为临时有事，我让我爸爸替我来观摩半天，没想到，晚上回去后，他居然说这样的课程很好，以后让孩子多参加多学学这方面的知识。您知道吗，之前他是反对我给孩子报性教育夏令营的！"

这位年轻的妈妈告诉我，她的爸爸妈妈从小对她的教育很保守，特别是爸爸，根本不会跟她谈任何有关性的话题，有的都是限制。比如，女孩子穿衣服一定要领口袖口扣好，出去玩晚上八点必须回家，看到电视上有拥抱接吻镜头一定马上调台，等等，这些都曾经让她非常痛苦和困扰。这次通过朋友知道举办性教育少年营，她第一时间给八岁的孩子小佳报名了，还约了平常处得好的、孩子差不多大的一个朋友一起报。报名后，一直住在一起帮助她带孩子的父母，听说小佳要来学习性知识，都骂她"吃饱了撑的"，都认为"这些知识"孩子到了一定的年龄自然会懂，何必花钱来"做无用功"。

小佳的妈妈顶住了父母的压力，她的朋友就没那么幸运。朋友的父母也反对孩子来参加性教育夏令营，担心孩子懂得多了变坏了，就算朋友已交了钱，也被父母闹着退了。

我对临时来替代观摩的小佳的外公有印象，是一位白净、瘦削的长者。他全程在教室后面认真听讲，有时听到孩子们的回答，还乐得合不拢嘴。我想，是因为夏令营课程设计得科学、自然和有趣，让这位老人来到现场后放心了；再加上他看到孩子们和老师一起认真思考，认真探索，认真学习，他之前的担忧被眼前的事实冲散了。

感觉非常获益的小佳妈妈还热心地建议，能不能这个观摩名额不限制只能父母一方来，这样家里观念最落后的家长就可以轮流来学习了。我回答她，我会把这个建议反馈给夏令营的总规划师方刚老师的。

执笔：赵丹

✳ 这一家人，为何要谎称"孩子的爸爸在国外"呢？

在 2019 年的夏令营里，有一位六岁多的女孩小宝，在头两天的活动中，经常提到妈妈、外公、外婆，从来没提到过爸爸。

第二天中午吃完午饭，她在跟同学们聊天。同组的同学问她："怎么你一直说你妈妈，那你爸爸呢？"

小宝说："爸爸没有跟我们住在一起，家里面是我和外公、外婆。"

同组的一位男同学说："你爸爸是不是跟你妈妈离婚了啊？不然怎么会没有住在一起？"

这位男同学的语气显得平实，没有任何一点取笑的味道。

"啊？！离婚啊！"另一位女同学小柔大惊小怪地感叹道。

小宝解释道："不是的，我爸爸……"

还没说完，她的外婆马上跑过来，一把把孙女支到身后，俨然有种母鸡护着小鸡的架势，对那几位同学说："不可以乱说哦，她的爸爸在国外工作，不是离婚，不可以乱说的。"然后，她迅速地把孩子带到了家长席吃饼干。

同学们因此止住了对小宝家庭形态的讨论，继续聊着其他的话题。

这原本是一个同学之间的课间闲聊，外婆的介入让我感觉气氛很是紧张。我敏感地发现这位外婆很担心大家把外孙女当作离异家庭的孩子看，担心因为孩子的爸爸不在身边，大家会对她另眼相看。

她的爸爸真的在国外工作吗？也成了我好奇的疑点。

当天课后的家长会上，我告知家长们："第三天上午的课程内容是家庭多样性，这部分课程的教学目标是引导同学们认识到单亲家庭、离异家庭、重组家庭等家庭的多样性，让同学们可以悦纳自己的家庭形态，对不同家庭形态的同学和朋友平等相待。"

女孩小宝的外婆举手了："老师，我认为这部分内容不好，没有必要讲什么家庭多样性，我们家外孙女在家里有她爸爸妈妈和我们老两口疼爱，上这个课根本没有必要，太浪费时间了，这么宝贵的夏令营时间上点其他的吧。"

我想，她估计还是在顾及外孙女的爸爸没有在外孙女的身边生活。

而当我跟大家解释"这个课程的作用在于去除家庭多样性中个别家庭形态带给孩子的自卑感，也避免给予其他特殊家庭的孩子污名感"的时候，小宝的外婆目光直视别处，若有所思地点了点头。

晚上，小宝的妈妈给我打来了电话，告诉我一个孩子至今都不知道的秘密。其实，在小宝一岁左右，小宝的爸爸和妈妈就离婚了，并且断开了联系，拉黑了所有的联系方式。小宝从一岁开始就没有见到过爸爸，而爸爸也并没有出国，而是生活在同一个城市，至今没有再婚。小宝的奶奶经常来家里看小宝，并且带来一些礼物谎称是"你爸爸从国外寄回来给你的"。而除了奶奶来家里的时间以外，"爸爸"这一个词，在他们家是禁忌，从来不可以提及。

这种从来不可以提及的氛围是外公外婆"创造"的，小宝妈妈回忆一次饭桌上的闲聊。

小宝天真无邪地说："要是爸爸可以回来，跟我们坐在一起吃饭就好了！"

外公马上皱起了眉头问："你说什么？！"

小宝马上说："没有没有，我说外婆做的菜好好吃。"

那么，外公外婆为什么不让孩子提及爸爸呢？

小宝妈妈的回答是："因为他们对他不满意，不喜欢他。虽然我前夫没有做错任何事情，离婚是我因为父母不喜欢他而提出来的，但是我父母仍然认为是前夫抛弃的我，是他害我成为一个离婚的女人。他们觉得女人离了婚就没人要了，男人离了婚可以找更好的。他们不允许我们在家里提到小宝的爸爸，把他当作仇人一样看待。"

由此可见，他们是缺少男女平等的意识的，离婚是女儿提出来的，女儿在这段婚姻是否存续占主导地位，她是有决定的权利的。但是老人却认为女儿作为女性，在离婚事件中是受害者的角色，是被抛弃的角色。老人觉得女人离了婚就没人要，男人离了婚可以找更好的，这更是男女不平等意识导致的对女性的贬低和对离婚女性的污名。

小宝妈妈继续说："小宝的外公外婆害怕别人知道小宝是离婚家庭的孩子，他们觉得小宝会被看不起，被嘲笑。"

我更加坚定地认为，外公外婆太有必要参加家庭多样性的学习了，小宝的家长们在这个板块的观摩与小宝在这个板块中的学习一样重要。

我告诉小宝妈妈："离婚家庭的孩子一样可以得到父母的爱，一样可以做一个幸福的孩子，否定爸爸的存在会让孩子有父亲或者父爱的缺失感，不允许孩子提到爸爸，这也将不利于孩子未来亲密关系的建立。虽然坦然地与孩子讲述父母离婚的事实对于你们而言需要时间，也需要心理准备，但是可以先允许孩子自由地谈论'爸爸'这个话题，给予孩子表达的机会，比压抑孩子更好。"

想必小宝妈妈在小宝睡前跟小宝谈了心，至少给予了孩子谈论爸爸的特权和力量感，小宝在第三天的课上画"我爱我家"的时候，画了一栋别墅，别墅里没有外公外婆，而是有爸爸和妈妈。

她举手主动要求上台分享她理想中的家。

她说："我希望以后我有两个家，一个是外公外婆家，一个是我和爸爸妈妈的家，然后我可以和爸爸妈妈一起生活，也可以跟外公外婆一起生活，也可以这么多人在一起生活。"

因为这个环节是在认识家庭多样性之后了，所以她也很坦然地说："我爸爸在国外工作，但是我爸爸和我妈妈有可能是离婚了。我希望我爸爸回来的时候可以重新跟我和我妈妈在一起，我们三个人一起生活。"

小宝外婆拍着视频，眼眶红润，止不住流下了眼泪。

小宝外婆可能有些心疼孩子了，课后她告诉我："可能只有一夫一妻制的婚姻或者从一而终的恋爱，才能给孩子的未来树立好的榜样，无论是否幸福。当年真不该让他们离婚。"

听她说到"一夫一妻制""从一而终"，我便很担心这样的观念会强加给孩子，对孩子产生不好的影响。

我说："我们的教育中，如果只强调爱情的美好，婚姻的美好，从一而终，将会产生很多不好的影响，比如会使离婚变得很可怕，使重组家庭等多种家庭形态变得很奇怪。孩子未来会不知道如何面对爱情失败，当她未来在婚姻中发现爱情淡了，将无法面对生活。我们给孩子讲婚姻的时候，既要讲爱情的美好、选择的多样、责任的评估，也要让孩子认识到婚姻的脆弱性。这样才是全面的爱情观和婚姻观。"

夏令营结束后的一天，小宝外婆约我一起喝饮料聊天，她跟我坦言："我不允许孩子在家提到爸爸，是因为自己没有能力去跟孩子解释什么是离婚。"然而她的刻意隐瞒，孩子依然是知道真相的，我告诉她离婚是正常的，跟她解析了她看待离婚事件的态度中隐藏的男女不平等的意识。

小宝外婆说："我自己对离婚有很强的污名感。通过夏令营，我也认识到不是离婚这件事情对孩子造成伤害，而是自己看不起离婚的人、看不起父母离婚了的孩子的态度，才是对自己的女儿和外孙女的伤害。"

她接着说："王老师，您在夏令营里都在传达性要坦然、科学，不仅是性，孩子问的每一个问题，家长都要坦然和科学地回答孩子。我们也在想，孩子的身世，我们也应该坦然和科学，一直骗她是不对的。小宝的爸爸并没有在国外，而是跟我们生活在一个城市，只是从来都不联系罢了。"

他们允许孩子谈论爸爸，允许孩子表达自己对爸爸的好奇、想念和见面的期待，妈妈也通过奶奶恢复了与爸爸的联系，开始约见小宝的爸爸，小宝每周都有一天是可以和爸爸妈妈在一起玩的，那是孩子每周最期待和最幸福的日子。

小宝的妈妈告诉我："我们一直以为小宝有我和外公外婆的爱，她一点也不缺少爱，我们一直以为有外公爱她，不会缺少父爱。其实，我们不得不承认，外公的爱和爸爸的爱，还是不一样的。这五年以来，连我最要好的闺蜜都不知道我离婚，离婚这一个事实我瞒得死死的，从而也不爱与人交际，把所有的时间放在事业的进步和培养孩子上，现在，我坦然多了，对他也宽容多了。不仅孩子觉得跟爸爸玩很幸福，我自己也觉得很幸福，生活不一样了。"

后来的半年里，当我再次见到小宝的时候，她会跟我讲述自己与爸爸的故事，也会坦然地告诉我："但是，每周我们和爸爸在一起玩完，我就和妈妈回外公外婆家，爸爸回他自己的家了，因为他跟我妈妈是离婚的，他们还没有准备好重新结婚在一起，所以我们就是分开住的。"

小宝在讲述这些的时候，没有悲伤的情绪，没有自卑的痕迹，一切都很正常和坦然。

妈妈也在这时候问小宝："你跟同学们也是这么说吗？那有没有同学会笑你爸爸和妈妈是离婚的？"

"如果他们笑我，我也无所谓啊，那是他们不对，又不是我不对。我爸爸那么疼我，我跟他们说我爸爸很疼我，我妈妈也很疼我，他们也会很羡慕我。"

由此可见，爸爸和妈妈是否生活在一起，不是最重要的，重要的是爸爸和妈妈给予孩子足够的爱。

有一天，小宝的妈妈给我发来一条微信，她告诉我，孩子的爸爸仍然不是她的理想伴侣，她恐怕还是不愿意和孩子的爸爸复婚。随着她坦然面对自己离婚的事实，也多了很多的追求者，她既想尝试新的恋情，包括性关系，又担心新的恋情或者未来进入重组家庭的模式，会给小宝带来压力。

我便截图了《世界性权宣言》关于性人权的"性伴侣自由选择权"给她，这里强调了"结婚与否、离婚以及建立其他类型"的性关系的自由，当然也强调了这些性关系的"责任"。我们的性教育中应该有亲密关系多样性的教育，而不应该只是强调一夫一妻制婚姻的教育，否则对于单亲家庭、离异家庭的孩子将是一种压力。但无论怎样的关系，都应该承担对自己和他人的责任。

我告诉她："每一段关系只要是基于自主、健康和责任的前提就可以。与其担心给孩子带来压力，不如学习如何与孩子坦然和顺畅地沟通。只有妈妈自己拥有选择幸福和拥有幸福的能力，孩子才能学习到幸福的能力。"

执笔：王晓斌

✳ "强势妈妈"的眼泪

猫头鹰性教育少年夏令营首次在西安开营的时候，作为一名赋权型性教育高级讲师，我观摩了此次夏令营，同时兼任会务。会务工作，主要是负责夏令营三天中的茶歇，在开家长会期间组织同学们的活动。

第一天课程结束后，晚上的观摩讲师讨论环节，讲师马老师总结了一天中活动的各个环节内容；早晚两次的家长会因我需要带同学们在外活动，所以马老师特别详细地介绍了几位家长在第一天活动结束后的一些反馈，其中有两位同学的家长对课程设置环节有一些质疑："你们老师忘了强调背心裤衩覆盖的地方不能摸""没有强调成年后才能做爱"，听来语气比较强硬……

第二天中午午休期间，提出质疑的两位妈妈主动找到我，她们各自聊起了自己在教育孩子方面的种种经历。A 妈妈聊起了给孩子报的各种补习班，一个要求完美的妈妈总希望自己的孩子能够好上加好，平时孩子不善于跟她沟通。她讲孩子很喜欢打太极拳和绘画，太极拳曾获得过比赛金奖，说着拿出手机给我看孩子拿到金奖的照片和在无任何绘画基础下白描的小弥僧和一座庙宇。

我能看到两位妈妈对孩子的未来都很焦虑，我跟两位妈妈讲："您看我们的孩子在这个夏令营中的表现，她俩都积极参与表达自己的观点，这是您两位平时可能看不到或者了解不到孩子的另一面；我们夏令营的宗旨是增能赋权，其实，我们的孩子都非常优秀，只是在传统教育模式下我们家长要求孩子们要更加优秀，一味地剥夺了孩子们的意愿，没有给过孩子们思考探索和自己的决定权，孩子惧怕父母的权威，不敢跟父母表达交流自己真正的想法，这样就会把很多情绪压抑在心里，有时候会转化为躯体症状表现出来。"A 妈妈这时不由自主地流下了眼泪，她说："怪不得孩子前段时间会过敏，就是在我给她报补习班那段时间。"

这时，B 妈妈聊到，为了让自己的孩子把数学学好，她用了各种方式，后来孩子身体出现了很大问题，到了需要做手术的地步，她也特别自责。有时候看到孩子没有好的成绩想要发火，但是强压着心中的那股怒气，因为家中还有一个二宝，为顾及大宝的情绪，就怕大宝说她偏心。可是心中的怒气忍不住啊，骂了大宝，又拉过二宝一顿揍，说到这时情不自禁地落了泪……

我说："作为母亲我能理解那份深深的爱，同时我们可以尝试着给孩子一些空间。本身孩子在学校学习会有一定的压力，如果作为父母不能理解孩子，再给孩子施加压力，这样孩子连一个想要倾诉心里话的地方和人都没有，那我们能想象到孩子是多么可怜；就像方刚老师提出的增能赋权这个理念一样，在孩子成长过程中跟孩子共同去探索、分析，让孩子自己能判断决定什么样的结果是他可以负责和承担的。拿性教育来说，在中国，性教育仍然是一件令人羞涩的话题。一方面，家长、老师对孩子的性教育讳莫如深，缘于我们这一代没有受过科学的性教育，许多父母甚至认为：让孩子早了解性，就会让孩子早接触性；而另一方面，在信息爆炸和开放的今天，电视、图书、网络，有关的性信息却是防不胜防。而我们的学校和教育系统却没有一个完整的性教育课程体系。在家庭当中，很多家长对于孩子的性教育处于一种藏着掖着的困惑状态，其实，家长们应该给予孩子正确的帮助，引导孩子解决性发展过程当中所遇到的问题。看这个增能赋权的性教育夏令营，或许我们家长觉得在讲'我从哪里来'以及性器官时过早和直白，但是看看我们的孩子，他们都很坦然，而且了解的知识面并不比我们家长少。所有的担心都源自我们做父母的焦虑。"在我讲述的过程中，A妈妈几次落泪，她说："是我把孩子压得太死了。"

后来，我又讲了我是如何教育我孩子的过程，对于我的孩子在整个成长过程中我是持有尊重和欣赏的态度，没有给孩子任何压力，而且坦然跟孩子探讨有关性的话题，这样并没有影响孩子成才，她照样成为一名优秀的海归硕士毕业生。

她和我聊完之后说了一句："任老师，跟你聊真的对我帮助特别大，醍醐灌顶，我需要好好反思自己。"

第三天早晨，很巧的是我在地铁上跟A妈妈和她女儿同一车厢，我跟 A 同学商议："听妈妈讲你的太极拳打得特别棒，能否中午给我们表演一段呢？"A 同学立刻埋怨妈妈说："谁让你讲我会打太极拳呢？"

A 妈妈只是笑着，我说："我们做妈妈的在一起都是在夸奖各自的孩子，所以妈妈在夸奖你时老师才知道原来你这么棒。"

A 同学不好意思地笑了，我再次征询她是否愿意表演时，她说不愿意，我就说："好，我们尊重你的决定。"能看出孩子对于这样的交流很开心。

夏令营结束后，马老师告诉我，家长会上 A 妈妈带头说："为了表示感谢，提议大家为老师们鼓掌……"这个巨大的转变就是方老师带给我们的魔法咒语：增能赋权！

执笔：任晓玮

❋ 从质疑到鼓掌

夏令营第一天上午，讲男女性器官，讨论是否可以做爱，都是大家日常回避的问题，却是性教育必须要突破的难点。

作为讲师组长，下课后我主持召开家长会，结果 A 家长首先发言，严厉地提出批评，她质疑道："今天的讲师，讲防范性骚扰时没有强调'背心裤衩覆盖的地方不能摸'；讨论是否可以做爱时，也没有强调成人之后才可以做爱。"气氛顿时紧张起来。

我回应道："我在没有学习赋权型性教育以前，也是这样认为的。但是学习了赋权型性教育后，就知道这些是没什么效果的。赋权型性教育一直强调身体权，而不是固定的哪些部位不能摸。身体权是每个人自己的，我的手不想和某人握，别人也要尊重。我们中国父母经常考虑自己的面子：比如，孩子不想让张叔叔抱，家长就说，张叔叔是爸爸的朋友，抱一下没关系。孩子的意志没有得到尊重，今后就不敢拒绝不舒服的身体接触。我们强调，只要孩子不舒服，你就有权利拒绝任何接触，而不仅是背心裤衩覆盖的地方。而且，大家看到，在讨论性骚扰的应对时，孩子们已经考虑到了多种情况，比如，父母在不在身边，公众场合还是偏僻的地方，有没有手机，有没有人可以帮忙，骚扰者是熟人还是陌生人……孩子的水平已经到了五楼的水平，我们又何必强调三楼的知识呢？"大家连连点头。

我继续回应第二个问题："至于有孩子说'初中才可以做爱'，那有可能是小学生对初中感觉很遥远，不一定代表孩子到了初中就会做爱。告诉孩子一个固定的标准是容易的，但是往往没什么效果。宋朝那么封建，还出了潘金莲。他们的性行为，是否是负责的、安全健康的？难道成年再做爱就能保障人生幸福？我们不强调成年，是因为，只考虑成年这个标准是远远不够的！这个题目，刚好留作业晚上大家和孩子一起讨论。考虑到在性的问题上，不同的家庭可能有不同的价值观，大家可以在讨论中把自己的价值观表达给孩子，但不要替孩子做决定。孩子会在思考中慢慢形成自己的价值观。我们的夏令营就是打开家长和孩子交流性话题的大门。"

我接着便公布了当天晚上的作业，请孩子和家长一起讨论两个题目：

1. 被坏人用武器控制，跑不了，打不过，怎么办？

2. 什么情况下，才可以做爱？

第二天上午的家长会，我先让家长分享昨天的收获、孩子的变化。

第一个发言的是一个女孩的妈妈。她说："前天我们入住酒店时，房间里有安全套，孩子问这是什么，我就告诉她这是避孕套，她问有什么用，我说，你参加了夏令营就知道了。昨天晚上回酒店，孩子拿着安全套，研究了一会儿，恍然大悟说：'我知道了，做爱的时候，把这个套在阴茎上，精子遇不到卵子，就可以避孕啦！'我顺便问孩子：'今天有同学说初中就可以做爱了，你怎么看？'孩子说：'初中还上学，生孩子可没空照顾。'我说：'你已经知道有避孕套啊！用避孕套就不会有宝宝。'孩子又想了想，说：'就算不要孩子，可是社会责任还是担不起。'我很欣慰，真没想到孩子已经很认真地从社会责任层面考虑这个问题。"

第二个家长说，女儿主动问了这两个问题。虽然我们没有讨论出来结果，还是不知道怎么办。但以前不敢谈，现在我们能把性的问题，放到阳光下谈，和孩子能够一起面对不确定，还是感到了自己的成长。

第三个家长说："孩子不愿意谈，一直到要睡了，为完成老师的作业，我主动提这件事。他很不情愿地直接问：'你说吧应该怎么办？我记住，明天好告诉老师。'我感到孩子的抵触和应付，不愿意与我交流。我比较失败。"

我回应："没有失败，只是我们收到的信息不太理想。孩子不愿意与我们谈性一般是两种情况，一是孩子已经受多年文化的影响，感觉羞，不好意思谈。另一种情况是我们太强势，不尊重孩子，命令说教太多，孩子的话没有被认真倾听，就不愿意沟通了。我们可以反思，有可能是哪种情况？"这时家长们都若有所思。

第二天中午学生看电影时，我看到助教任老师和 A 家长谈了很久。任老师是资深的心理咨询师，谈了什么？就是上一篇文章中她写到的。

第二天下午学习了情绪选择轮。课后留的作业，让孩子们自愿教家长做情绪选择轮。

第三天上午家长会，A家长主动分享说："我经常感到愤怒，昨天孩子教我做选择轮，孩子处理愤怒的一个选择是看书，可对我来说，看书不顶用。孩子就说，你喜欢看电影、听音乐、吃蛋糕，以后你生气了，我和爸爸就买个双层大蛋糕给你吃！我感觉孩子还是挺懂我的！我愤怒起来挺可怕的，总是控制不住。孩子还分享了我发脾气带给她的感觉。我以后要找合适的渠道疏通，不能动不动就冲孩子发脾气。"她的发言让大家忍不住地一边笑，一边鼓掌。

第三天上午，让学生、家长自愿分享孩子出生前后的故事。A家长也激动地上台演讲，感觉她已经完全融入了整个的氛围，变得柔软了。随着A家长的变化，A同学也越来越大胆发言，表演情景剧，积极参加夏令营的各种活动。

观摩讲师说，听到A家长与其他家长议论，现在孩子可以学习性教育知识多幸福啊！以前我们那时候可没有。听这话，感觉A家长对我们的夏令营已经非常认可了。

第三天下午课后家长会时，这位家长说："为了表示感谢，提议大家为老师们鼓掌……"她带头起立鼓掌，大家都非常激动。

散营后，A家长在群里表示，青春营再见！结营后第二天，这个A家长，就推荐朋友的孩子参加猫头鹰性教育冬令营，这让我们都非常欣慰！

很多家长受传统观念影响，把性教育停留在灌输大道理上。对赋权型性教育，不了解的人，一开始总是将信将疑。深入了解了赋权理念的人，就会认识到增能赋权的妙处，再困难，也要走上赋权之路！因为赋权才是有效果的、能塑造价值观的性教育！

执笔：马文燕

✳ 我带儿子学习性教育

2018 年年底，牛仔妈发了一个链接给我，是关于少年性教育冬令营的宣传文案。她想给大宝牛仔报名，让我了解并征求我的意见。我内心立刻有了质疑：性教育？让牛仔去参加性教育？他还不到十周岁啊，而且这个领域在我看来是非常严肃的，主办单位和授课老师资质、口碑可信吗？一连串的问号之后，再看价格：三天三千多元，感觉好贵，立刻由质疑到否定。就这样，牛仔第一次参加性教育冬令营的计划泡汤了。

第一次报名搁浅后，2019 年我发现牛仔好奇心越来越强，时常会刨根问底："我从哪里来的啊？""女生为什么会怀孕啊？"……很多话题我和爱人都感觉不好意思说，只能通过绘本或者含糊其词搪塞过去。在和孩子平日交流中，我观察并了解到，他和同学们的话题中已经有性方面的内容了，能感觉到这些少年们对性方面的好奇。我越来越意识到，性这个话题已经不能再回避，需要正视了。如何让孩子接受系统科学的性教育，我和爱人一起筛选了国内外许多课程，最终还是选择了国内资深性教育专家方刚教授带领的团队设计的符合中国国情的课程，而且我要亲自全程参与旁听，验证课程内容，说白了还是对课程内容和呈现形式有点不放心。

2019 年暑假，该团队性教育夏令营在全国十几个城市同时开班，火爆程度超过我的想象，当时想报一线城市上海班，对方直接告知满员。后来辗转到常州班，专门请了三天假，清晨拖着行李箱，冒着大雨，我陪牛仔到了夏令营现场。我刚进教室，还没坐下就被常州电视台记者拦住，采访我从何而来，为何带孩子来参加性教育夏令营？我直接告诉记者："我的孩子需要接受正规的性教育，我本人也需要补上曾经欠缺的一课。"

夏令营里第一天，牛仔看到教案上性器官图片时强烈抵触、排斥、生气，激动地直接大呼"老师流氓"，现场旁听的都是妈妈们，令我这个唯一的爸爸感到尴尬、害羞，我和孩子的状态很像。后来，现场负责教学的督导级讲师王晓斌专门和我沟通，了解并交流她的教学计划，尤其是针对牛仔的现状制定的教案。三天，我看着牛仔的变化，从开始的抵触到后来积极参与，互动发言，尤其是各种实操环节，他都能坦然去操作、去应对了。而我，也从忐忑到平静。

三天夏令营里，牛仔和晓斌讲师建立了很好的亦师亦友的关系。

夏令营的第二天，被课程设计内容及呈现形式深深触动的我就跟爱人连线沟通，跟她表达了这么有价值、有意义的课程可以考虑引进到南京的想法，提出咱们在南京也主办一期吧，现在的青少年孩子太需要这方面的科学正规的性启蒙教育了。每天都同步看夏令营现场直播的爱人立刻表示赞同，我们俩都觉得做这件事情很有意义。最重要的是全部课程内容我都旁听了，都已验证并且很认可。说白了当初我最担心的事情就是这个，通过三天全程陪同，我的顾虑全无。

夏令营结束的第一个周，爱人就和该团队沟通国庆主办南京首场秋令营。这是爱人第一次主办这样的课程，当时我鼓励她不要考虑经济盈亏问题，想做的事只要去做就行了。最重要的是，我们俩都是P.E.T.（父母效能训练）讲师，主办的秋令营要有E.T.（效能训练）理念和特色。现在市面各类课程很多，大多是传统的老师讲授、学生听记形式；如何以学生为中心、通过兴趣参与互动，让他们有深刻体验、吸收才是最关键的。

就这样，我们由怀疑到主办，使得猫头鹰性教育营在南京落地了！

说起来，三天的学习，孩子收获大，我们家长又何尝不是呢？！

执笔：牛仔的爸爸林听

✳ 他对爸爸说出"我爱你"

在少年营中，孩子们学习过如何表达爱。

我们设计这个环节，本意是让孩子们学习如何与朋友交往。没想到，一个孩子竟然用到了爸爸身上。

一期夏令营结束之后，一位爸爸在微信上写信给老师，诉说自己的感动。

他承认，自己是一位"严厉"型的父亲，即使是对六岁的孩子，也经常不苟言笑，甚至没有对孩子说过"我爱你"这样的话，虽然他内心是爱孩子的。

夏令营结束后的一天，六岁的儿子坐在他的腿上，看着他微笑，突然对他说："爸爸，我非常非常爱你。"

那一刻，这位爸爸哭了。

他没有说出的话，孩子对他说出了。

他一边让泪水奔流下来，一边对儿子说："爸爸也非常非常爱你。"

那一刻，这位爸爸内心的坚冰，融化了。

他忍不住告诉讲课的老师，分享他的喜悦。

成年男人被训练得不善于表达情感，我们变得"刚硬"，而在这个过程中，我们失去了多少与家人的温情。

六岁的儿子，帮这位爸爸改变了。

我们相信，那之后他会成为另一个爸爸。

执笔：方刚

✳ 给孩子讲这些，真的好吗？

2016年的一期青春营，我和家长的交流，和谐相处中有过冲突。

第一天活动的时候，有学生谈到了同性恋的话题，我便请大家站队：认为同性恋是疾病需要改变的，站一队；认为同性恋是正常的，站到对面的另一队。结果，没有一个学生站到同性恋是疾病的立场上。我觉得自己不需要再说太多了，只是表扬了大家，简单地评论说："同性恋确实不是病，我们应该对同性恋者平等看待，不歧视。"

回想起2013年第一期夏令营，同样是针对同性恋的观点站队时，有约三分之一的孩子认为同性恋是病，需要治疗。随后，我请两方进行辩论，我再进行点评，然后请大家重新选择站队，所有的孩子都转而支持同性恋是正常的了。

我原本很满意这期孩子们对同性恋的态度，但是，到了晚上与家长交流的时候，戏剧性的场面出现了。一位妈妈非常不满，一再对我说："你应该引导孩子们认识到，同性恋是病，是应该加以改变的。"

我一再阐明："认为同性恋是病的观点是错误的。"但这位妈妈很难被说服，面露愠色，交流到最后便变得火药味儿很浓了，我道理已经讲尽，仍然影响不了她，我的语气也变得重了："我只能讲正确的。您让我讲错误的，我做不到！"她便不再说话了。

这个风波，推迟了我本计划和家长讨论的更重要的问题：我们明天的内容将涉及安全套的使用，以及自慰的正确方法，家长们是否同意？对于这些敏感的教学内容，我总会事先向家长们说明：为什么讲，怎么讲，将有什么效果。

我原以为那位妈妈又会反对，没想到这一次她立即同意了。家长们均爽快地表示："应该讲怎么用安全套！"这非常出乎我的意料。我参加过一个全国性教育专业研讨会，个别性教育专业教师还在会上主张：讲安全套使用就是鼓励青少年做爱，会使他们得性病、艾滋病！至少在这一点上，家长们比"专家"更"专业"，清楚应该给孩子什么。

当然，我在讲安全套使用的时候，也会强调：**教你用灭火器不是让你放火，教你用安全套不是鼓励你做爱，我希望在你有一天要使用安全套之前，先学会怎么用。**

其实，安全套的教学，重要意义在于对性脱敏。

在针对自慰的教学内容征求家长们意见时，我说："**我会讲自慰无害，自慰最大的害处是对自慰有害的担心；但我更想讲正确的自慰方式，因为现实中很多孩子因为错误的自慰方式受伤害了。**"我讲正确的自慰方式不是"**教孩子们自慰**"，我将会和他们强调：**有些人一生都不自慰，讲了并不是让你去学习和模仿，自慰与否都不是过错，只是要避免给自己带来伤害。**

这期夏令营 24 个孩子，在场的近 20 位家长，有两位对讲正确的自慰方式感到迟疑。

我说："我有一个替代方案，不集体讲，只是告诉孩子们，谁对正确的自慰方式有兴趣，可以在休息时单独问我。"

立即有家长反对："那他们就不好意思问了。"另一位家长说："我觉得专业的知识还是让专业的老师来讲，如果你不告诉他正确的，他也会有途径知道，到时候我们又不能很专业地引导，那不是更糟？"

这些家长极力劝说那两位持质疑态度的家长，说："你们要信任老师，相信他会处理好的……"很快，大家对支持我讲自慰达成了共识。

事实证明家长们的决策是对的。在讲到自慰这部分时，我问：

"不知道什么是自慰的同学请举手。"24个孩子中，只有年龄最小的一个11岁男孩举起手。

那个男孩跑过去问陪伴他的爸爸："什么是自慰？"他爸爸非常坦然地回答："你去问老师。"

于是，他又跑过来问我："自慰是什么意思？"

虽然两天的教学中，气氛已经很放松了，但当有孩子大声问出这个问题时，全场还是瞬间静了下来。我则以非常自然的声调、语气、语速开始大声地说："自慰通常称为手淫，就是用手刺激自己的性敏感带，达到性的愉悦体验，比如，男孩子用手撸动阴茎；女孩子用手刺激阴蒂，当然也可以是紧紧夹腿刺激阴蒂……"

11岁男孩的脸上掠过一丝笑容，显然，这一次他听懂了。

在我整个的讲述过程中，没有一个孩子偷笑、起哄，他们都听得非常认真。讲正确的自慰方式时，孩子们也一脸严肃，非常专注。

事后，家长们跟我交流说："您讲自慰讲得太自然了，就像讲吃饭、睡觉一样，我们原本对这样的话题有些不好意思，但听您讲的过程中都瞬间释然了。"

性教育工作者，必须非常坦然、平静地谈性，才能够去掉孩子们心中对性的神秘感、好奇心、羞耻感，以及任何特殊的情绪。

没想到的是当天晚上，我在朋友圈发了夏令营中孩子们学戴安全套的照片，也写到当天讲自慰的正确方法等内容，一位一直与我积极互动的同事在后面留下激烈的评论："太过分了，你走偏了……"

我回复说："这样讲的背后是有一套性教育的理念的，是对青少年有益的。"

他又回复："你说有益就有益了？你好自为之吧！"

这些对话弄得我很郁闷，当天晚上甚至做噩梦了。因为这位同事一向是很支持我做性教育的，我没有想到夏令营中这两个敏感环节的设计让他如此反感。但事实确实是，夏令营中所有的内容设计，都不是我自己心血来潮，都是基于人类近百年的性教育经验，被实践证明是真正行之有效的。

我更确信强烈建议家长全程旁听是正确的，否则，像这位同事，只看到老师"教"学生用安全套，"教"学生自慰，不了解前因后果，恐怕也会误解的。

夏令营第三天全天讨论爱情，一切均在计划之中，没有什么特别之处。唯一值得一提的，是一个女孩子分享说，自己初中时恋爱，父母反对，她努力与父母沟通，最后父母转而支持她了。她感谢父母的支持，她和男友的学习都没有受影响。在我看来，正是父母对孩子恋爱的正确处理方式，才保证了孩子"恋爱学习两不误"。这是一个可以令人反思的例子。在我后来参加的一个性教育专家研讨会上，一些老师还坚定地认为，中学生谈恋爱一定会影响学习。

夏令营中，一位母亲一直显得很担心，因为自己女儿有些"男孩子样"，总担心女儿是同性恋，多次问我："女儿是否是同性恋，应该如何矫正她？"

我反复强调："您女儿是否是同性恋，只有她自己知道，也许她自己现在都不确定；不必急于贴标签，青春期是探索自我、成长的时期；如果她真是同性恋，也不是如何矫正她，而是如何尊重她、支持她、来自家人的支持，是对同性恋者最有力的支持。"我还向这位妈妈推荐了影片《天佑鲍比》，讲述的是一位母亲不接受自己的同性恋儿子，导致儿子自杀，母亲悔悟，将余生投身同性恋平等运动的故事。

每天晚上我和家长们的对话中，谈论更多的是如何爱孩子。

我们太习惯于"管制"孩子，我们爱他们，要保护他们，但这种"保护"往往体现为控制：不许做这个，不许做那个。把自己认为对的强加给孩子，而不倾听他们的声音，更不关心他们的感受。普通的教育中都充斥着这样的控制，何况性教育呢？

一些家长认为孩子接触不到性的信息，就是对他们最好的爱和"保护"。这样的理念已经被经验一再证实是伤害到孩子成长的。在夏令营的三天中，家长们也充分并且深刻地体会到了：不让孩子接触性不代表他们真的一无所知，他们知道的远超过父母所想到的，却不一定都是对的。

"保护"的最终目的应该是促进孩子成长，而不是规训。但这样的模式，要让中国家长普遍接受，还需要很长时间。

与家长们的交流，使我意识到：想说服别人，是非常困难的。不要指望说服那些对性教育有误解和偏见的家长送孩子来夏令营，我们要做的，只是去与那些积极支持性教育的家长相遇。

执笔：方刚

✱ 西方的性教育，适合中国孩子吗？

性教育要考虑本土化的问题，但是任何时候本土化不应该成为阻碍性教育的理由，不应该成为推行"守贞教育"的理由。

在性教育夏令营的家长会上，总会有家长质疑："这样的教学是否适合中国？"

这时，我通常会有一些困惑："您说的中国国情，具体指什么？"

质疑者通常会说："毕竟我们中国人比较保守，我们比较内敛，我们比较含蓄，我们比较不如西方社会'性自由'……"

我便无话可说了。

中国早已经不是"闭关锁国"的年代了，在性上也是一样。而且，个体差异大于群体差异。许多中国人并不比许多西方人更保守、更内敛、更含蓄。许多来中国的西方人会惊叹："当今中国人的性，比西方人的性要'自由'许多……"

"国情"类的问题听多了，我发现提问者所理解的"中国国情"，只不过是他对开明的性教育的担心而已。

我从未见谁真的以学术的态度，认真地比较过中西方的国情差异对于性教育可能的影响。我见到的提"国情"的人，都是恨不得对孩子讲守贞教育的人。

在我看来，调查青少年已有的性知识与性态度，从而来决定性教育的内容，这是很好的。这可以算作"国情"。而且，赋权型性教育的主张，以及猫头鹰夏令营的设计，也正是建立在多年与中国青少年接触、了解的基础上的。

但是，如果"国情"转变为认为中国的青少年在"智识"上不如西方青少年，西方青少年可以受益的教育方法对中国青少年无益甚至有害，那就错了。中国的孩子在各方面的接受能力，都不比西方的孩子差。

还有一种观点，认为中西方父母对孩子的教养方式，有不同的类型：西方主要是支持型，中国主要是权威型。

于是，有一种声音出来了：因为父母的教养方式不同，所以不能把西方的教育模式搬到中国，因为那会"水土不服"。

我不信服这种说法。相反，我认为，正因为中国的孩子一直处于"父母权威"的压迫之下，才更应该给他们更多的"支持"。

如果父母已经很"压迫"孩子了，难道我们的性教育中，我们的性教育营中，还要同样地"压迫"他们吗？

性教育营不仅是给孩子自由、宽松的讨论环境，同样还要对家长进行教育。

性教育营是一个很好的机会，可以促进家长的学习和成长。

青春营每天晚上的家长会，我和家长们的讨论话题中，几乎都会出现关于"规训"与"赋权"的话题。

另外一个说法是，欧洲的孩子乐于表达，中国的孩子内向，不乐于表达，所以参与式的教学不适合中国孩子。

夏令营的实践证明，情况不是这样的。

好的课程设计、好的带领教师、对孩子的充分尊重，对他们兴趣充分挖掘，就可以让孩子们充分地参与。

而且，原本个体差异就大于群体差异，怎么可以说中国孩子不习惯于表达，不乐于参与呢？

执笔：方刚

✳ 他说出了所有家长的担心

一个非常有意思的现象是，拟报名的人中绝大多数妈妈非常积极地要送孩子参加夏令营，而爸爸们持保守的态度。

报名的时候就体现出来了，有的妈妈先报了名，过几天又来请求退出，因为爸爸不同意。包括我的朋友，有一直说要给孩子报名的，但最后没有报，还是因为爸爸不同意。

而夏令营现场，坐在后面旁听的家长中，每期都只有零零星星四五个爸爸，约占所有家长的十分之一。

更有意思的是，到家长会上，提出挑战的，表达各种担心和不满意的，也是以爸爸为主。

爸爸们总体的态度是：孩子太小，接受这样的性教育真的有好处吗？

　　我感到奇怪的一件事是，男性通常比女性更加喜欢性，在性上更加持开放的态度。但为什么到孩子的性教育这件事上，却忽然变得保守了呢？我在想，他们也许是担心自己的孩子变得像他们所了解的男人们那样"喜欢性"？

　　我不确定。

　　一次家长会上，一位爸爸与我的对话，在我看来堪称经典：

　　学员爸爸：夏令营做了这么多期了，对孩子到底有没有好处，效果怎么样，你们有调查结果吗？如果没有调查结果，怎么能够确定这些如你们说的是有好处的呢？

　　我：对于教学的调查方式，从学术上有两种，即定量研究和质性研究。无论哪一种，都需要在教学结束相当长一段时间后进行。如果是刚完成夏令营立即进行调查，因为刚刚结束，影响肯定很大，所以调查结果并不能反映真相。

　　具体到定量研究，它不仅需要一定的样本，更重要的是需要排除干扰项。我们的夏令营只进行了三天的教学，而孩子们每天生活在家庭和学校中，所以即使我们进行了定量调查，也无法区分出哪些成长是基于夏令营的学习的，哪些成长是基于日常生活的。

　　具体到质性研究，是要针对孩子进行一对一深入的访谈，而且也需要在学习几年之后。我们的夏令营从2013年开始举办，也不想因为访谈影响孩子太多，但已经计划进行这样的质性研究了。

　　虽然我目前没有办法给您直接针对夏令营效果的研究数据，但是，正如我在第一天早晨的家长会上讲过的，我们所有的教学内容、教学方法，都是基于人类近百年的性教育经验的，也就是说，是经历过近百年的检验的。我们是依据人类性教育的成功经验才进行教学的。这些内容的效果虽然没有在我的夏令营学员中做过调查，但是人类已经在许多学员那里调查过了。

这次对话发生在 2019 年广州夏令营的时候，正巧昆明的赋权型性教育高级讲师赵丹在现场观摩。她立即展示了自己 U 盘里的一个 PPT，那里呈现了世界卫生组织针对不同性教育模式效果的调查与统计数据，显示欧洲的性教育模式在降低少女意外怀孕、堕胎、性病、艾滋病等方面，成果显著。虽然这个性教育模式不致力于推迟青少年首次性交年龄，但在实践中欧洲青少年的首次性交年龄是全世界最低的。

而我此前一直和家长说，我们赋权型性教育是在欧洲性教育模式基础上发展出来的。

赵丹老师展示完这些，绝大多数家长心服口服。

但仍然有一位爸爸质疑说："你的意思是，你从 2013 年讲到现在，教学内容并没有改变？"

这是一个陷阱。如果我说没有改变，他会说你不与时俱进。如果我说有改变，他又会说那你现在改成熟了吗？如果没成熟，我们的孩子受的教育岂不是有欠缺的？

我的回答是："有改变。这些改变是在具体的教学环节中，我们变得更关注学生的主体声音了，用更有助于启发他们的环节设计了。但是，整体框架上没有改变。如果我们的框架还要改变，那就说明我们一开始就是不成熟的，就是拿各位的孩子做试验的。我们不需要改变内容，因为这已经是一套完美的设计。我们在教学细节上的改变，是为了更能激励孩子的参与性和创造性。"

这位爸爸终于没有话说了。

事后，我看到一位妈妈在朋友圈的分享中提到："听了家长会的答疑，更加敬佩方刚老师了……"

执笔：方刚

✳ 父母很害怕孩子接触同性恋

一切看起来是临时起意。

2019 年夏天，第 27 期夏令营的第一天上午，围绕着"支持"与"反对"同性恋站队的时候，44 个孩子，九个站到了"反对"一方，35 个站到了"支持"的一方。

事后，有观摩的同性恋讲师说，没想到会有这么多孩子支持同性恋。

但我知道，这是最近三五年来"反对"方最多的一次。在两周前的上海营，只有两个孩子站到反对方，而三周前的广州营，只有一个孩子站到反对方。

像以往一样，两方的学生进行了辩论，反对方并没有人改变立场。

辩论结束的时候，我忽然说："如果你们愿意，今天晚上，或者明天晚上，我安排几位同性恋者和同学们见面。"

无论支持还是反对的孩子，眼睛瞬间都亮了。"好呀，好呀！"他们叫着。

我说这话的时候，是想到，当时在现场观摩的赋权型性教育讲师中，就有六七位是来自 LGBTQ（同性恋）社群的，如果他们能够分享，应该会对孩子了解和接纳性多元，非常有帮助。

中午，便有一位讲师找到我主动说："是今天晚上分享吗？我想参加。"

我说："今天晚上家长会，先征求他们的意见，估计是明天晚上分享。"

晚上家长会的时候，我和家长们正式讨论这个安排，我说，这样做对孩子们有三点好处：

1. 让孩子们真正面对"传说中"的同性恋，让他们了解真实的他们，这可以消除神秘感，去除污名。

2. 有助于培养孩子多元、包容的思想，而拥有多元、包容之心的孩子，是更健康、快乐、有爱心的孩子。

3. 让孩子们看到现身说法的同性恋者的勇气和力量，看到被压迫的少数的力量。

正如想象中的，这一倡议在现场引起了一些家长的反对。最终，以这样的共识结束：这个环节安排在第二天家长会之后，愿意参加的家长和孩子留下，不愿意参加的自然退场。

类似的经历，我已经体验过了。

2018 年，北京青春期性教育夏令营进行中，第一天的晚上，正巧广州的一位同志组织负责人燕子来北京，他微信联系我，要来拜访我。

我便说："好呀，我正在讲青春期性教育夏令营，你可以明天晚上早到一些，来和孩子们交流吗？"

燕子爽快地答应了。我很高兴，立即在夏令营的家长群中预报：明天晚上，有一位男同性恋者来，安排他和孩子们见面交流。

没有想到的是，群里沉默了几分钟，便有家长发问："这样安排的目的是什么，要倡导什么？"

"原来的教学内容中没有这一条，让孩子见这些人不好。"

……

我感到有些无奈，便说："那就取消吧。"

没想到，又有家长不愿意了。一位爸爸在群中说："我觉得这个机会很难得，让孩子们接触到各种人，有助于他们长见识，会促进他们成长。我强烈要求安排这次对话！"

我灵机一动，说："明天晚上课程全部结束之后，再安排他来交流。家长可以自由决定是否和孩子留下。"

于是，群里的争议平息了。

第二天晚上交流的时候，有约一半的家长和孩子留了下来。

这不是重点。

重点是，交流结束后，我、燕子、一位爸爸，一起下楼。那位爸爸问我："我是同性恋，因为这个和儿子的妈妈离婚了。这次我带他来参加夏令营，您说我是否应该对儿子出柜①？"

我问："您出柜的目的是什么？如果没有什么必须要立即出柜的理由，其实不着急，毕竟孩子还小，给他一些时间成长，您自己也做好更充分的准备。当您确信自己要出柜的时候，而不是像现在这样举棋不定的时候，再出柜。"

那位爸爸点了点头。

这仍然不是重点中的重点。

第三天下午，最后的自由提问与答复环节，我收到一张纸条，上面写着："我爸爸是同性恋者，我该怎么办？"

我几乎想也没想，凭着几十年间对性少数人群的深入了解和平权思想，立即脱口而出："加倍地爱他！"

我说："加倍地爱你的爸爸。如果你的爸爸是同性恋者，他一定会受到很多的社会压力，他也一定非常担心你歧视他，也担心因为他的性倾向令你感到受到伤害。所以，无论从哪方面讲，他都更需要你的爱。所以，加倍地爱他！"

我说这番话的时候，看到坐在家长群中的那位昨天晚上咨询是否应该出柜的爸爸，他神情很激动，眼中充满了泪水。

如果燕子的来访所引出的同性恋话题，即使仅仅能够帮助到这位孩子以爱而非伤害的方式对待他的爸爸，这一天的辛苦也值了。

---

① 出柜是指公开自己的性取向、性别认同。——编辑注

有家长和我讨论这个问题：讲同性恋的时候，是否可以只讲"这是存在的"；而不要像现在这样，讲"这是正常的"。一位家长说："您不是主张受教育者可以有自己的价值观，主张教育者不要把自己的价值观强加给受教育者吗？那么，您就不应该强调'同性恋是正常'的，而应该强调'同性恋是存在的'，至于正常与否，让孩子们自己判断。"

听起来很有道理的样子，让青少年自己形成价值观。

但是，这位家长忽视了一个非常重要的部分：人权、性别平等，这恰是我们性教育中要传达的价值观，属于我们的"底线"。也只有是基于这种价值观的基础上，青少年们去探索自己的价值观，才符合赋权型性教育的三原则：自主、健康、责任。

所以，还是要讲：同性恋是正常的。持上述观点的家长，是担心如果我们讲"同性恋是正常的"，自己的孩子便会成为同性恋者。其实一个社会对同性恋持什么态度，并不会影响一个人的性倾向。

执笔：方刚

✳ 害怕赋权的妈妈，为什么错了？

我在前面带着孩子们做活动，不知道坐在后面的观摩者中正酝酿一场风暴。

这是 2018 年 1 月，青春期性教育冬令营的第二天。从第一天开始，一位唐氏综合征的女孩子，便要把她喜欢的音乐放到工作电脑中播放。

我的助理一开始拒绝。我知道后，说："就让她放吧。"

但是，女孩子不允许关掉她的音乐，要一直做背景音乐。孩子们都活动的时候还好，当我分享和点评的时候，这"背景音乐"就显得非常突出。重要的是，音乐的曲调很诡异，令人联想到"鬼片"的音乐，我也几次被吓到。

有家长不满意了。

我分享间歇的时候，一个很大的声音冒出来："这奇怪的音乐是怎么回事！把音乐关掉吧！"这是一位年轻妈妈。

另一个家长附和："我们是来听方老师讲课的！音乐影响了我们！"

第三个声音出来了："不能因为一个人影响大家！"

似乎形成了统一意见。

就在这时，响起了另外一个声音，一位家长说："我觉得应该给这个孩子一些宽容！"

我松了一口气，及时回应："我也觉得宽容很重要。虽然宽容有时候可能会伤害我们的利益，但是，这种牺牲是值得的。"

观摩区安静了。

事后，有观摩的性教育讲师说："方老师气场强大，别人是镇不住那几个家长的。"

实际的情况是，在那大声抗议之前，观摩区的风暴已经酝酿许久了。主要是领头抗议的那位妈妈反感音乐声，私下和周围的家长"串联"。那期冬令营，还有性教育讲师团的讲师们在观摩，一位年轻的男讲师便提出要照顾那位特殊的孩子。但那位妈妈说："我们都是交费的，为什么要照顾她？"小伙子据理力争，言语不合，两人便吵了几句。小伙子不屑地坐到一边去了。

另一位家长过来劝架，和那位小伙子说："你是讲师，方老师的学生，不应该和家长这样争执。"

小伙子也觉得不妥，便给那位家长写了一页道歉信。纸传给那妈妈，她拒绝看。

我开始注意到领头抗议的那位妈妈，并且和一系列事件联系上了。原来，她的情绪已经酝酿很久了。

开营前四五天，我的微信公众号"学者方刚"转发了一篇文章，讲英国的一对恋人拍卖自己的性爱视频，以此赚钱周游世界。

文章发布几小时后，冬令营家长群中的一位妈妈将公号文章转发到群里，同时艾特我，说："我要看冬令营的内容安排！"

我立即意识到来者不善，把包括活动内容详细安排的冬令营招生启事转发到群里，同时问："您报名时没看内容安排吗？"

那位妈妈开始质问："冬令营时也要给孩子们讲这篇公号文章里的事吗？这不就是性教唆吗？"

这已经是明确的挑战了。我没有回答她的问题，只是在群里说："如果信任我和性教育，就不会问这样的问题；如果不信任，我解释再多也没有用。如果要退课，请在两小时内办理退课手续。"

我预感到，问出这种挑衅且无厘头问题的家长如果退出，不是什么坏事。看了一篇转发的文章便如此激动，只能说明过于焦虑、敏感，而且性的价值观封闭。但她的退出，会使我少帮助到一个孩子，是令我惋惜的。

当时群中另几位家长开始发言，比如"方老师是学者，他的研究范围很广""公号文章面向所有读者，肯定不会是青春期性教育的内容"，等等。

这位妈妈又给一位招生人员打电话，招生人员也做了同样的解释。

后来，这位妈妈在群里解释说："我刚才被公号文章吓到了，听了解释就放心了。"她并没有退课。

这位妈妈，就是前面说到带头抗议音乐声的那位年轻妈妈。

开营第一天早晨，是家长会。这时，都是由助理带领孩子们在场外做活动、分组，以便我可以和家长们单独交流。

据说，当时这位妈妈也不高兴了，向助理抱怨："我们早晨四点起床赶到北京，现在你们让孩子们到教室外面，冻到怎么办？"

这位家长的态度，让我们很错愕。我们也不知道有孩子那么早就起床呀，其实只是在酒店的楼道里做活动，并没有到露天地。

也是家长会之前，有助理私下告诉我："有一位家长希望您说一下，让孩子们把手机都交给旁听的父母，因为您说这话有权威。"

家长会时，我主动提到了这事，我说："请家长理解，我不会对孩子们提这个要求。如果我提了这样的要求，他们立即就会反感我，他们这三天的学习效果就会受影响。"

家长们纷纷点头认可。

在出现抗议音乐事件后，我向助理核实，果然，那位要求孩子交回手机的家长，就是这位带头抗议音乐的妈妈。

事实是，她的孩子三天内一直没有玩手机。

午餐的时候，我们帮助家长和孩子订了外卖套餐。因为怕餐到早了凉了，所以助理特意嘱咐不要送早了。但课程结束后，这位妈妈又不满意了："应该餐等人，不能人等餐，我们是交了钱的，你们的服务要到位！"

餐到之后，这位妈妈又说："饭太少了，青春期的孩子长身体，吃得多。"第二天我们便和餐厅商量，多要了几碗米饭，给吃不饱的孩子。

提供订餐服务，是我们义务帮助家长的，却惹来这些指责，助理们心里肯定不爽，私下和我抱怨："以后我们再不帮忙订餐了，受累不说，订好了不会有人说我们好，订不好只会说我们不好。"

第一天晚上家长会的时候，这位妈妈提出两个问题：一个是我没有照顾到所有孩子发言，另一个是没有告诉孩子们应该成人后才能有性关系。

事实上，我已经努力照顾到每个孩子了，在不同的小组间走动，还特意把话筒递给从来不发言的孩子。有的孩子，即使话筒送到了面前，也羞涩地摇头，这时，我会继续保持递给他话筒的姿势，微笑地看着他，轻柔而坚定地说："我相信你可以说得很好。"有些孩子这时会开始缓慢、小声地发言，有了第一次，以后就容易了。但是，也有孩子仍然会拒绝发言。这时，我会说："好的，欢迎你下次再发言。"

所以，对于因为孩子不发言而焦虑的家长，我会在家长会上解释：第一，我们应该尊重孩子，不让他感到为难，他有不发言的理由，勉强他是不好的；第二，他不发言，不等于没有收获，他可能一直在听，这就可以了。

但这一次，我这样解释后，那位妈妈仍然不满意，她说："我就是中学老师，如果老师让孩子发言，他们是会发言的。"

我一时语塞。中学老师在课堂上的提问，通常是关于课程知识的，即有标准答案，而且是有强迫性的，学生是"不敢不发言"；而性教育营中的讨论，是鼓励学生形成思考，没有标准答案，忌讳强迫性的。我认为强迫是对学生的不尊重，即使他发言了，也可能是套话，无助于真正促进他们自己的思考与成长。

这位妈妈提出了第二个问题：要告诉孩子，成年之后才能够有性关系。我也按照通常的方式解释：我们希望培养孩子"自主、健康、责任"的意识，这个有了，何时做爱不重要，这个没有，成年后做爱也不好。但这位妈妈仍然"据理力争"，有家长很激动地说话了："我家是女儿，我并不在意我的女儿何时做爱，我只希望她能够做到方老师说的三个原则就够了。"

这位家长，帮我解了围。

第三天下午，课程将要结束的时候，我让每位家长和孩子写出他们还没有解决的问题。据坐在后面的性教育讲师说，当时这位妈妈和身边的另一位妈妈说："我有情绪，我不写。"那位妈妈说："我没有情绪，我写。"

坦白说，我很理解这位妈妈的感受。她有着自己坚定的价值观，她原本希望在冬令营中可以听到和她理念一致的教学，但结果不是这样的，她感到很失望。她的问题是，来错地方了。她可以去找符合她理念的性教育学习。

但是，我更担心她的孩子。

性教育中，如何给孩子增能赋权？这些是在具体的事件中处理的，也需要在性教育之外处理。生活中的每一件小事，就是培养他们对自己、对他人、对社会的责任。而像这位家长，我非常担心她是否有能力培养孩子正确的责任意识和能力，如何给孩子赋权。

每到茶歇的时候，绝大多数孩子都会跑到观摩区，和他们的父母说几句话，有的孩子还会拿水果、甜点给父母，看着挺让人感动的。但是，这位妈妈的孩子从来没有去找过她，所以助理们甚至不知道哪位是她的孩子。

我便感到更难过了。

说完这位妈妈，再说几句那个坚持放音乐的女孩子。

2017年夏天，她第一次参加我的性教育夏令营。她的特殊性可以一目了然，但是，那届夏令营的孩子们中间，充斥着非常强的包容、支持的气氛。她还非常喜欢发言，经常语出惊人，每当用词精准到位的时候，全场便给她鼓掌。这时，她的脸上便会荡漾起幸福、骄傲的笑容，下一次的发言便更加精彩。可以看出来，她在夏令营中非常开心。

这可能就是半年后，她向妈妈主动要求再来参加冬令营的原因，而且同时参加了少年营和青春期营两期冬令营。

但是，冬令营里，她显然不如夏令营时开心。有营员以异样的眼光看她，还有营员对于她亲近的举动紧张地回避。青春期营的最后一天，她闷闷不乐地说："我今天心情不好！"那一瞬间，我感到非常难过。

　　分组表演情景剧的时候，她所在的小组其他人可能考虑到她演不好，便没有给她安排角色。我注意到了，走过去问她是否想演。她摇头说不。但当别人表演完之后，她突然大声说："我想演情景剧！"瞬间她的眼泪就掉下来了，神情痛苦，好像立即要大哭起来。我马上安慰："好，我们现在就加演一个情景剧！"立即有家长和同学配合，两分钟，我们就满足了这个孩子的愿望，她安静、满意地坐在那里了。

　　我注意到，这个过程中，有家长流露出不满的神色，也有学生表现出厌弃的神态。

　　我借着后面的教学环节，自然地谈道："我们要学会对和自己不一样的人的包容。包容别人是件美丽的事情。我们每个人都会在至少某个方面和大多数人不一样，所以，如果我们歧视别人，自己也终将被歧视；如果我们学会包容，自己也将从中受益。"现场响起了掌声。

　　我希望这个女孩子的在场，留给冬令营中其他孩子的印象，不是"她干扰了我们"，而是"她教育了我们"。在晚上的家长会上，我也建议家长们：回去和孩子们分享对这个女孩子的看法，鼓励孩子们学会接纳、包容。

　　其实，这个女孩子教给我们的还有很多。

　　我也开始关注智能障碍儿童的性教育。我希望可以更多地帮助到他们。

　　我和她的妈妈讨论，向她推荐针对智能障碍儿童进行性教育的书。

　　我在想，下一次夏令营和冬令营，她是否还会来呢？

执笔：方刚

✳ 一位中学生是如何影响他的妈妈的？

夏令营第一天早晨，照例小组内部自我介绍环节，还包括要给小组起一个名字。

这个环节结束后，我请每组出一位组员来介绍自己的小组。

这次，六个小组，其中一个小组的组名是"彩虹组"。

我在想：这是象征同性恋等性多元权利的彩虹吗？于是我问道："你们的组名是什么寓意？"

代表小组做介绍的是一个高高大大高一的男生。他说："彩虹是同性恋的象征。"

哇，竟然真是象征多元权利的彩虹呀！

我又逗问："难道你们小组有人出柜吗？"我想的是，大家刚认识，不太可能立即有人出柜，这个组名也许只是小组成员表达的一种态度。

没想到，这个高高大大的男生说："我出柜了呀。"

我问他："你都对谁出柜了？"

他说："对妈妈，对同学。"

我立即赞赏他，并且带头给他鼓掌。

我问："妈妈和同学接纳你了吗？"

他说："同学接纳了，妈妈还没有接纳。她带我来这个夏令营，本意是想让我改变，我就不愿意来。但我后来看到您的赋权型性教育的标志，外圈是彩虹，我就主动来了。我知道这是支持我的夏令营。我希望夏令营能够改变我妈妈，她正坐在后面旁听。"

因为我担心这位男生的妈妈会感觉尴尬，所以并没有问她是谁。我只是再次为男生鼓掌，并且说："相信夏令营结束后，你妈妈会对你更接纳！"

其实，当时我并不确定这个夏令营可以帮助到这位妈妈多少。

我只是默默记下这位男生的名字：豪。

上午茶歇的时候，楼道里，一位妈妈一脸焦虑地向我走来。直觉告诉我，这就是豪的妈妈。

果然，豪的妈妈自我介绍后，说："麻烦您了，帮他扭转一下吧，这样怎么行呀……"

我安慰她："您别着急，这三天认真参与，听我们的讨论吧。"

上午的最后一个环节，便是关于同性恋的辩论。像每一次一样，支持同性恋的一方很快占了上风。在我的引导下，关于同性恋的一些误解，以及家长通常对孩子同性恋的一些担心，都在讨论中呈现出来，并且进行了纠正。

我偷看坐在后面的旁观家长，豪的妈妈在认真地听，但是仍然一脸焦虑，显然内心全是阻抗。

我把话题引到父母的态度。"孩子是同性恋，父母很痛苦，让父母很受伤，怎么办？"

立即有同学七嘴八舌：

孩子是独立的人，不属于父母，父母不应该干涉孩子；

最痛苦的是孩子，因为自己是同性恋受歧视，父母的痛苦无法和孩子相比；

真正爱孩子，就要接纳孩子，父母的反对只会增加孩子的压力，让孩子更痛苦；

……

"真正爱孩子，就要接纳孩子！"我重复着这句话，同时也看到，豪一脸期待地望向教室后面的母亲。

但是，效果显然没有达到。

第一天结课时，这位妈妈又单独找到我，想请我做个体咨询。

这时已经晚上七点多，带了一天夏令营的我真的很累了，同时我也知道这位妈妈还需要更多的时间成长，我也想让她省些钱，便对她说："不着急，您先认真旁听，同时晚上和儿子多讨论，听他怎么说。如果第三天结束后，您觉得仍然有必要，我们再做个体咨询。"

她被我哄走了。

第二天早晨，她又找到我，说："昨天晚上豪和我聊了很多，就是说他的道理。别人是同性恋，都很自责，为什么豪不以为耻，反以为荣呢？他为什么会和所有人说这些呢？"

我说："这恰是你儿子出色的地方。他能够快乐、积极地接受自己，不是很好吗？难道他很痛苦，你才觉得正常吗？您今天还是多多旁观，慢慢思考，晚上还是和孩子多交流。"

她一脸无奈。

第二天，主要是讨论青春期的生理和心理。

晚上家长会和家长们交流时，我如每期一样，强调了要给青春期的孩子自由，家长要对孩子放手，尊重他们的选择，给他们选择的空间。

家长会结束之后，豪的母亲仍然不安地走向我，继续讨论豪的性倾向。我对她说："我刚才说的，给青春期的孩子自由，尊重他们的选择，也包括尊重他们的性取向……"

豪的妈妈告诉我，母子俩来参加夏令营，每天晚上都聊很多。"我从来没有想到孩子知道这么多，我以前在家里也没有和儿子聊这么深，这么多，但是，我还是有些接受不了……"

我仍然是那句话："不着急，多和孩子聊，多旁听。"

第三天夏令营结束后，豪的妈妈对我说："老师，我还是决定要找您咨询，您看什么时候？"

看到她很坚定，我便说："那就明天上午吧，我今天实在太累了。但是，我还是要告诉您，在我看来，最需要改变的是您，而不是豪。所以，明天如果您咨询，我会主要和您讨论您的观念。"

有意思的是，当天晚上，我收到了豪的妈妈的短信："老师，您好。这三天，我一直在痛苦的思考中。感谢您的帮助。孩子许多次和我说，让我去同性恋亲友会。我同意了。明天我会和他去同性恋亲友会。"

我立即回复："太好了！相信您想得到的帮助，在亲友会都可以得到，不再需要找我咨询了。您的儿子非常非常棒！您明天在亲友会与其他家长多多坦率交流哟。"

坦白说，我当时特别兴奋。我相信，豪的妈妈同意走进同性恋亲友会，是一个非常重要的转变。在同样是同性恋者父母的帮助下，她一定会更快地接纳自己的孩子。这样的帮助，比我的帮助大多了。

我忽然想到：在豪这对母子之间，一开始是妈妈要带着豪来参加夏令营，试图改变豪；但是，豪一直非常清楚自己要什么，一直在利用夏令营三天的活动改变妈妈。最后，豪成功了。

这真是一个既有勇气又有智慧的好孩子！

执笔：方刚

✳ 女儿谈恋爱了，妈妈的做法成了赋权的典范

这是一封真实的来信。这位妈妈在 2016 年带女儿参加了我的性教育夏令营。2017 年 3 月第一次写信告诉我，女儿谈恋爱了，并且说了她的处理方式。我很感动于她的处理方式，当时便想发表这封信。但这位妈妈很慎重，说："等等，看看效果。"

2017 年下半年，女儿和男友分手了，妈妈的处理方式仍然非常赞。

方老师：

您好！

我和女儿在去年暑假参加了您的性教育夏令营，去年她 16 岁。那三天时间，女儿全程认真倾听、积极投入参与各项活动，我也是全程认真旁听，我们在欢乐中收获了很多。

我写信给您，是想告诉您，上个学期她谈恋爱了。

那是刚开学的第三天，晚上十点多，老师打电话给我，说我女儿被巡逻的老师发现在操场上和一个男生有亲密举动，被抓住要写检讨。老师让我马上去学校，先带她回家谈话，第二天早上再送回学校。

我当时不能说不紧张，但还是镇定情绪，从接她回来的路上直到开始谈话，一直保持着平静。她对我察言观色，见我没有一句指责她，才开始在我的提问下，敞开心扉，和我聊了很多，聊她和男生的交往，还有她所知道的其他同学在恋爱交往方面的探索。事实上，同学间异性交往很活跃，虽然学校和老师都在强调校规，但是在交往意愿强烈的学生心里，那道禁令似乎不存在了一般。

我理解青春年少的他们内心涌动的情怀，也明白靠说教和制止并不能解决问题，我想此刻我只有放下姿态，真正地把她当成一个成年人来尊重，平等地和她对话，才能让自己走进她的内心。最后女儿表示，她会处理好恋爱和学习的关系，希望双方能互相勉励，共同进步。我说我相信她会对自己负责，同时也提醒她，明天回学校，可能会面临来自老师和同学的压力，要有一定的思想准备，还有就是在学校的言行要符合规范。她点点头。

第二天我送女儿去学校后，也很真诚地和老师进行了一番沟通。老师的意思是，按校规肯定是要处理的，但会注意方式方法。我向老师表示理解和感谢，并对老师说："青春期的恋情是一种美好的感情。她接受过正规的性教育，我相信她可以做到为自己和对方负责，在这过程中，我会陪着她，好好引导她。"

这一天傍晚，女儿给我打了个电话，有些紧张和不安，对我讲述了一番同学对她的询问以及一些八卦的态度，我安抚了她，并且告诉她："这就是你的选择所带给你必须承受的东西，凡事必有代价，接纳它，但看淡它。"第三天去学校看女儿时，我发现她的情绪已经平稳如常了，我这才真正放下心来。

方老师，经过那几天和孩子以及老师的交流，我自己也经历了一些思考，现在我真切地感受到：这次能以冷静的情绪来接纳、理解和支持孩子，让孩子平稳度过困境，让她保持了一贯乐观开朗、积极向上的状态，还是很感谢我们一同在您的课上所受的教育。正是通过这次夏令营，一方面我对孩子有了更深入的了解，另一方面，我们母女对青春期的恋爱等问题也有了一致的认识，这是我们之间能好好交流的基础。当事情来临的时候，我才可以用科学的正确的态度去应对，将一个对别人来说的亲子关系危机变成了一个增进母女感情和沟通的契机。在那之后，她会主动告诉我她和男生之间交往的一些事情，有时会向我请教，有时是向我倾诉烦恼，而我也会给她一些建议，或者鼓励她自己解决。

在这里，我还想特别说的一点是，我们因为接受了正规的性教育，就有了一份自觉自知的力量，去共同抵御传统教育给孩子带来的可能的伤害。因为老师们相对来说观念都比较传统，对学生尤其是女生的"早恋"教育，无法避免耻感教育，比如说"女孩子要自尊自爱"，而这样的话一般来说是不会用于对男生进行教育的。女儿在听到这类话的时候，很自觉地没有去接受这部分信息。她对我说，她只接受老师希望她放眼未来的前程，着眼当下的学习这样的话。这令我欣慰，因为我希望她在这美好的青春里，感受到的是初恋的美好，以及懂得为自己负责的道理，毕竟，对亲密关系的体验是关系到她一生幸福的重要经历。

只是，青涩的恋情大多都难以持久吧，虽然她的初衷很美好，但这初恋也只维持了半年时间。也许是年少时不懂得珍惜，也许是性格和观念不合，后来我多次听她气冲冲地表示对那个男生的不满，因为她越来越感觉到被约束的不自在，而我知道，她是多么向往自由的人。新学期开学的第二天，她给我打了个电话说："妈妈，我对他说，我们还是做朋友吧，我和他分手了。我一下子觉得轻松了。""恭喜你啊，因为你主动掌握了自己的生活。"我在电话这头说。是的，无论是合还是分，我都支持你，只要那是发自你内心的声音，我的女儿。

离高考还有不到两年时间，我不知道还会有哪个男生吸引女儿的目光，但是我不会为此纠结和焦虑，因为在这个过程中，我和女儿都得到了成长，我们都有信心去迎接未知的一切。我想这些都得益于您的教育，方老师，正如您在夏令营中向家长反复强调的：重要的不是孩子是否会去恋爱，而是如何来面对恋爱。今天我全部的叙述中都没有说她在"早恋"，恋爱有青涩和成熟之分，但不存在早晚之别，青春期的恋爱可能是"练爱"，很大的可能它不会走进婚姻，但它不是"早恋"，它存在，它合理，我们要做的是接纳它，理解它，引导它。

再次谢谢您！

一位夏令营孩子的家长

我和这位妈妈聊起她女儿的学习和未来规划。她说，女儿的学习成绩中等，并不很优秀。我说，不能以眼前的成绩来评价她，我相信一个懂得对自己和他人负责任的孩子，未来的人生会非常出色。

执笔：方刚

✳ 孩子是来玩的，不是来考试的

每期性教育青春营，都会有父母为了手机的事情，和讲师或孩子纠结。

第一天早晨家长会的时候，便会有父母提出来，讲师应该收走孩子的手机。

我便会和父母们说："我们不会收缴孩子的手机，如果孩子无法被课程吸引，我们收缴了他的手机也无法让他专注于课程本身，只会使他们对讲师和性教育营产生更强的反感和对抗情绪，更无法学习；我们相信性教育营活动本身的吸引力，如果孩子觉得累了，或者觉得某个环节无聊，或者某个环节他'一心二用'便可以全部了解，那为什么不允许他玩一会儿手机呢？他玩开心了，放松了，后面便有机会更好地回到课程中。"

但是，父母通常很难立即接受这个主张。

所以，我也会出于尊重，不反对父母自己在课前收走孩子的手机。但很多家长为这事和孩子闹得很不愉快，有的孩子会说："收走手机，我就不上了。"于是家长只能妥协。但看到孩子上课时玩手机，又有家长会突然从后面冲过来，抢走孩子手机的情况。结果呢，孩子并不会专注于课程，反而情绪会很差，通常会气鼓鼓地坐在那里，一副"我就是不听，你能把我怎么着"的样子。

当然，也有反例。晚上家长会的时候，有家长兴奋地说："我儿子一直在玩手机，我很着急，但看到他关键时刻都发言，而且说得很到位，他原来一直在听呀！"

这时，我便会适时引导："我们自己有时做事情，还常一心二用呢，并不一定专心，效果就好。"

事实上，每期性教育营，最多的时候也只是两三个孩子会玩手机。即使这两三个玩手机的孩子，有时也会突然发言参与讨论，发表"真知灼见"，可见，"玩手机"并没有完全影响他们听课。

只有在自由的课堂上，孩子才更可能快乐、开心，有收获。

性教育营，在我看来，就是来玩的，在玩中学习的，不能够像在学校里那样，搞得那么紧张。我们毕竟不是来考分数的。

我曾和讲师们回忆说，青春期营中，有几期是滑铁卢，非常失败。这失败的几次，孩子们都是受了太严厉的管束。

其中一期是我受某基金会的邀请，去云南贫困地区给留守儿童办营。孩子们常年不和父母在一起，缺少关爱。学校老师显然也一直用规训的方式对待孩子，强行组织了 50 多个孩子参加，看到我活动时孩子们有些混乱，便要帮我维持秩序，而手段便是呵斥。孩子们几乎被规训得双手背后坐直了，完全是上课时的样子。老师的呵斥连我都几次被惊吓到。

另外两期失败的营，主办方都是专注做青少年心理的咨询师，来的学员几乎全是她们平时咨询时的来访者。我们常说，孩子的问题，就是父母的问题。这样家庭中的亲子关系通常原本紧张。咨询师和来访者的父母说："你的孩子非常需要参加这个性教育营。"父母通常就会逼孩子来。但是，孩子自己并不乐意来。没有人会征询和在意他们的意见。一群有问题的孩子，被他们有问题的家长强行送到一起，各种状况就出现了。

当父母以保护的名义对孩子进行控制，错误地相信自己有权利代替孩子进行选择时，他们便忽略了好的教育不是靠管控，而是靠吸引力。

所以，当忽略了孩子内心的想法，那么，孩子的学习欲望和兴趣便很难被激发出来，因而无法拥有一个好的状态去快乐地学习。

至少在猫头鹰性教育营中，我们一直主张：孩子是来玩的，不是来准备考试的！

执笔：方刚

✳ 孩子是家的镜子，是家的天使

2019年夏天我有幸成为猫头鹰性教育营的讲师，有几个孩子清澈的眼神、灿烂的笑容和纯真的心灵，给我留下深刻的印象。

开营第一天，我作为助教老师在分组团建的时候，看到一个特别好动的男孩，可能因为年龄吧，他和组员合作比较困难，但又特别想融入团队。为了能够提升孩子们的管理能力与合作能力，主讲老师安排每组一名纪律委员、一位卫生委员、一位组长，同时让每个孩子都有责任。这时我突然想到，也许可以安排这个男孩为纪律委员。

于是，我蹲下来用期待的眼神和这个男孩说："你知道纪律委员主要做什么工作吗？"

男孩回答："主要管理好我们组的纪律呗。"

"你愿意当纪律委员吗？"这时，我看到这个男孩眼睛里闪耀着兴奋和坚定，他立刻回答："我愿意！"

因为要管理组员，首先要自律，这个男孩这一天格外地专注和尽责，一天的活动顺利愉快完成。

在茶歇时间，这个男孩的家长惊讶地说："我儿子从来没有这么专注地完成活动，平时特别淘气，许多同学都不太喜欢他。老师，您是怎样做到的？"

经了解，这个男孩平时因为淘气，被大人们批评教育比较多，而且给孩子贴了"标签"。

我说："讲师会尊重每一个孩子，不放弃每一个孩子，在活动中发现每个孩子的闪光点，激发每个孩子的上进心和动力。"

这位家长很聪明，立刻意识到平时对孩子的教育方式和沟通方式需要改进。

在"家庭责任共同承担"这项活动中，我帮这个男孩梳理并呈现了他家的家务劳动情况，发现妈妈承担了许多家务，他自己基本什么都不做。我们在营里认真地讨论了家务劳动的责任。

在结营后，他妈妈反馈，男孩通过参加性教育夏令营，知道妈妈最辛苦，回家后主动要求帮妈妈分担一些家务劳动，妈妈欣慰地感慨："参加过夏令营后，孩子突然长大了，懂事多了，自己有计划和目标完成自己的事情。"

在夏令营的第二天上午，有一个女孩是组长，所有的组内发言和方案都是她做主，不听其他组员意见，导致分歧，活动中断。但是，团队任务需要完成，其他组员不愿和组长合作，这个女孩大哭起来。主讲老师等这位女孩的情绪稳定后，再次邀请她入组活动。这位女孩的妈妈在茶歇时反映："我女儿平时也会出现同样的问题，请主讲老师帮忙。"

我悄悄记住这个女孩的特点，下午讨论发言环节，这个女孩还是想当首要的发言者，我没有急于递给她话筒，待其他组员发言后，我把话筒递给了她，鼓励她："×××学会了等待，学会了平等、尊重，我们为她的成长鼓掌！"顿时全场响起了雷鸣般的掌声，我看到此刻女孩脸上泛出喜悦的笑容。

在第三天做活动"我爱我家：有了冲突这么办？"这个环节时，我们会教给小营员表达情绪和沟通方式。有一个女孩说，有一次，妈妈和爸爸发生冲突的时候，她用自己小小的身躯挡在爸爸妈妈中间，不许爸爸妈妈再继续争吵，同时还会竭尽全力推一方到别的房间，暂时隔离开他们。当时她很努力地做了，但是，爸爸妈妈没有停止冲突。

这个女孩说到这里，眼圈红了。我被这个女孩深深地感动了，孩子是家的镜子，孩子是家的天使。

女孩子的发言触动了坐在后面观摩的妈妈，她在晚上的家长会上反思，意识到自己的问题，表示回家后将和孩子复习沟通和表达的方法。

在进行"你做的事让家人感到……"这一活动时，小营员们写的内容基本都是学习和考试成绩不好的时候，父母会生气。

有一个女孩说："妈妈会戳我。"这个女孩说的时候哽咽了。我感慨："太多的家长把孩子当成学习的机器，而没有更多地去关注孩子的健康成长。"我在家长会上便与家长做了沟通，告诉家长们："孩子在成长过程中需要依附于父母，但是家长的控制或暴力会让孩子的心里出现'阴霾'。"那天，许多家长恍然大悟般意识到自己的教育问题，承诺后面会好好学习，提升自己。

真心希望每一个孩子的父母都能和孩子一样，在性教育夏令营里一起成长，共筑有情、有爱、有阳光的家！

执笔：张文瑾

✳ 带女儿参加性教育营，我几次想哭

猫头鹰少年性教育营第一天，我便早早地带着女儿小小来了。

早上的互相介绍，组合新团队，孩子们玩得特别开心，更多的是感受到他们的融入和吸收转化。

当讲到男女不同器官的时候，很多女孩子羞羞地半遮着自己的眼睛。琴琴老师自然大方地讲解，很快就把孩子们欲看还羞的尴尬化解了，很多孩子积极发言，孩子们非常自然地说道："这是阴茎，这是肛门……这是女人的阴道……"

休息时间，孩子们还分别参观了男女厕所，孩子们的好奇心在逐步学习中慢慢化解。

坐在后面旁听的我，感觉受益匪浅。很多家长会担心，提前性教育会不会太早，我的答案是：性侵和性骚扰者，是不会因为孩子太小就停止伤害的。越是小，才越是需要增能。家长不可能 24 小时

跟着孩子，我们的孩子需要的是自我保护能力和遇到突发事件的勇敢能量。

中午吃饭的时候，我问女儿小小："上午收获了什么？"

她说："责任。两个人需要互相喜欢才能在一起，而不是一方喜欢，另一方不喜欢。"

我问："孩子是哪里来的呢？"

她用非常随性的口气告诉我："要相爱的两个人在一起，做爱以后就可以怀孕生下孩子。"

我继续问："那小朋友可以做爱吗？"

她说："妈妈你上课肯定没有听，小朋友是不可以做爱的。"

我笑着说："为什么呀？"

她很认真地告诉我："因为小朋友的身体还没有发育好，还不能承担责任，只有长大以后，可以为自己负责任了，才能去做这件事情。"

我心中默默地开心起来。我再也不需要担心她长大以后，遇到这些问题会困惑了。今天的课，就像是一颗智慧的种子，已经默默地在她的思想里生根了。

性教育其实和其他任何一种教育一样普通和必要，就像我们教会孩子吃饭，教会他们走路，我们同样需要更大的能量教会他们什么是性，什么是责任。很多妈妈自己的能量不够，听到"性"这个字眼，就开始紧张，开始污名化。我们不教，孩子自己以后就不会知道了吗？

第二天的少年性教育营，在芳莉老师和叶子老师带领的几个互动小游戏中开始了。

每个孩子在纸条上写下自己性格的自我介绍，然后散乱地放到一起，每个小朋友再抽出一张。一位小朋友念出小纸条上的自我性格介绍，大家猜测写这个小纸条的是男孩还是女孩。

"是男孩，男孩！"孩子们几乎异口同声。

老师问："为什么呢？小朋友是从哪些词语看出来是男孩子的呢？"

孩子们举手发言："爱跑步，喜欢运动，喜欢玩游戏……"

这时，老师请写这张小纸条的同学站起来让大家认识。

一位小女孩在大家的注视下站了起来。

孩子们仰头大笑，来化解自己猜错的尴尬。

芳莉老师非常适宜地给大家开始讲解："小朋友们，有没有很意外？运动跑步是不是男孩子的专利呢，女孩子是不是也可以跑步很厉害呢？老师也很喜欢跑步哦。"

孩子们在新旧认知的碰撞下，无形中已经开始给自己增能了，互动发言积极起来：

"老师，女孩子也可以运动，男孩子也可以跳舞。"

"男生也可以穿粉色的衣服，女孩也可以穿小男生的衣服。"

"男孩可以留长发，女孩可以留短发。"

……

休息时，女儿跑过来跟我讲："妈妈，这里的老师真好。她们尊重孩子。"说完亲了我几下就跑出去玩了。

孩子的无心之语，让我的内心起了一阵涟漪，继而开始思考我自己。

我是一位情绪容易焦虑的妈妈，看到孩子没有积极发言，我有很多次想提醒她多发言；看到孩子不争不抢，慢吞吞的，我坐在那里如坐针毡。她刚刚的那句"老师尊重孩子"给了我非常大的震撼，她一直都在用她自己的方式学习吸收啊。

我的焦虑完全是自己的控制欲作怪，我潜意识中想控制我的孩子按照我的节奏学习。当我自己没有能量给自己赋权的时候，对孩子的要求就越多，越缺少尊重。

这是我今天一瞬间的感悟。

作为"80后"，我的性教育认知全靠书本和自我探索。短暂的三天时间，我的收获非常大。

中午的时候看到女儿对着手机哈哈大笑，我很好奇地凑过去看，手机视频里一个浓妆艳抹的时尚女性，正在化妆，突然，一个很成熟的男士声音出来："我是男的，男的……然后一个大白眼翻过去。"

现在已经是多元化自媒体时代了，手机的 APP 太多，抖音小视频非常火，里面的各类人才很多。异装、男扮女装、女扮男装，男生化妆比女生还要美艳，女生短发比男人还要 man……

我故意开始吐槽："我的天啊，这个男人比女人还要美，这还是男人嘛？！"

小小给视频点了一个赞，然后慢条斯理地对我说："妈妈，这是别人自己的选择，人家自己乐意，你操心什么呀。"

我问她："你不觉得奇怪吗，男人女人这样反过来穿？"

她答我："昨天老师教过的，男生被要求坚强、女生要温柔不一定是对的。每个人只需要做自己喜欢的就可以，我们不能轻易说别人是错的。"

我听到这些话都想要哭了，她才八岁啊，老师说的话，她都听进去了。老师，对于孩子的教育是多么的重要。

方刚老师团队的性教育赋权，是潜移默化地在影响孩子自我增能。好的教育，是增能，相反的则是控制和教条。

抖音这个娱乐软件，真是什么"奇葩"都有。女儿滑动屏幕的时候，停留在两个小男孩翘着兰花指在玩游戏。

我有想阻止她看的冲动，转念一想：就算我暂时阻挡了孩子接触网络的机会，这些社会现象能阻隔多久不让她知道呢。现在的社会，已经不是闭口不谈就可以应付过关的年代了，孩子们接受新鲜事物的渠道太多。

我的认知决定了孩子的认知。我狭隘，我的孩子也不会广阔到哪里去。

给她赋权之前，先不断地突破自己，给自己赋权。

中午叶子老师和大家做游戏：如果我们身边有一位男士很喜欢穿女装，大家能接受的站左边，不能接受的站右边。

孩子们站成了很明显的两个队伍。

叶子老师开始问："大家可以说说自己接受和不接受的理由吗？"

"我们不能歧视和我们不一样的人。"

"每个人只需要做好自己，自己喜欢就行。"

"走自己的路，让别人去说吧。"

……

"我觉得恶心，我看到我会很不礼貌地对他的。"

"这样的人，我看到只想打他……"

"我可以做到包容别人，但是我自己不能接受。"

……

孩子们的发言很有趣。

晚上我问女儿："你为什么站到支持的一队？"

女儿看着我说："妈妈，尊重别人就是尊重自己。我们如果讨厌别人，我们也会被别人讨厌的。"

我这个为娘的，好几次都要被她的话感动得想哭了。

童言无忌，孩子的善良如此简单！

我是一位孩子的妈妈，一位服装设计师，一位心理学研究者，更是方老师性教育的受益者和传播者。

执笔：曹小草

✳ 我的青春不全是彩虹色

对于自己的整个青春期，我之前认为是彩虹色的。但是，观摩学习了方刚老师在上海举办的猫头鹰性教育青春营，我发现我的青春不全是彩虹色的，因为掺杂了一些灰色。

在小学四年级的时候，我的乳房已经发育，有一点点隆起。夏天的时候，不知道是哪个男生先发现了我的乳房，他们就开始偷偷地从我的腋下看。我只是觉得很难为情，但是却没有斥责他们，也没有去向老师告状。

等到上高中的时候，跟同龄人比，我的乳房算是比较大的。当时的我，并没有因为胸大而感到难为情。可是15天的军训生活，却让我觉得难受。因为军训时男女生都要昂首挺胸，我也是这样做的。可是，我身边的一个女同学悄悄地跟我说："你胸那么大，不要挺那么直，一走就晃动。"听到她的话，我觉得难为情。于是，整个军训期间，我都没有再挺起胸走路。

在小学六年级的时候，我们班有个女生唱歌很好听。语文老师经常去找这位女生，把她带到办公室里（一个办公室供一位教师住宿和备课等）。我很好奇，有一次，我问女生："老师为什么带你去办公室啊？"她就说："老师让我去办公室，主要是拉着我的手，让我给她唱歌。"当时我听到这样的话，心里有些羡慕，想着我唱歌也不好，要不然我就去给老师唱歌听了。

我是刚上初一没多久就来了月经。那时，我对月经一无所知。我把衣服弄脏了，没人告诉我怎么办。我自己就用书本纸，但是书本纸是不吸水的，所以衣服还是脏的。当时，学校的老师有认识我姐姐的，他们告诉了我姐姐。姐姐从另外一所学校赶来，帮我买了卫生纸和卫生巾，帮我洗了衣服，就走了。

在上高二的时候，我喜欢一个男生。于是，我很冲动地写了一封情书。结果不尽如人意，因为我被拒绝了。我整天想不通为什么会被拒绝。虽然男生回复的信里写了怕影响学习，可是，我依然情绪低落，学习也落后了。

灰色地带一直是我不能正视的，所以之前才会觉得自己的青春是七彩的。可是观摩和学习了性教育青春营的课程，我知道，现在的灰色地带已经变了颜色，因为那些青春期的问题都得到了解答：

乳房大小不重要，健康才重要。无论乳房大小，我们都应该昂首挺胸地大步向前走。另外，我也知道了青春期时要穿合适的文胸，这样不至于乳房来回晃动。

老师关起门来拉着学生的手，并让学生唱歌。为什么不能让学生在教室里唱给他听呢？这很可能是一种性骚扰，是应该被阻止的。而女生俨然就是一名受害者，怎么能羡慕呢？（大约十年前，这名老师被抓了，据说是强奸罪。）

月经是女生成长的一个标志，是正常的。如果初一的时候，生物课老师直接去跟我们讲一下多好！可是，那节课却是历史老师去讲的。有关月经的知识，方老师的课也补充了一些丰富的知识。

恋爱不分早晚。恋爱也是一个人的权利，中学生也是可以谈恋爱的。只是那时的我没有充分的思考。如果时光倒流，我遇到了喜欢的男生，我可能会考虑要不要表白、表白会有哪些可能的结果、如果遭拒绝了怎么办、失恋如何调整、恋爱如何平衡爱情和学业的关系等，考虑完以上的因素，会慎重地做出决定。

方老师的课，除了改变我的灰色地带，还带给我一些别的正确的知识，也让我从另一个角度重新审视一些问题，比如：如何看待自慰？如何看待同性恋？社会性别的刻板印象……通过这些问题的解答，我明白了赋权型性教育的理念，我知道了性人权，也知道了自己在性教育的知识、态度、价值观上还有进步的空间。

执笔：包俊娟

✽ 没有性教育的青春期，会有什么故事？

尽管我对方刚老师赋权型性教育已经有基本的了解，但是，在猫头鹰性教育青春营中，真正看到方刚老师和36个孩子的互动过程，看到赋权型性教育理念通过各种活动一点点地在孩子们身上渗透，还是觉得无比震撼。

观摩过程中，我好几次落泪，激动得落泪，开心得落泪，感叹得落泪，遗憾得落泪……各种泪水交织：激动和开心，是为现在这一代"00后"的青春期感到高兴；感叹和遗憾，是为我们"70后""80后"的青春期感到悲伤。

我无数次地想象，眼前课堂上的这36个男生女生，就是我和自己的同学们，我们高高地举起双手，和方老师讨论身体、讨论性、讨论爱情、讨论人生，我们在讨论中没有了迷茫、没有了困惑；我们在讨论中，更加懂得爱自己，懂得如何去爱他人，懂得什么是尊重，懂得如何做出选择，懂得如何追求想要的人生……

这个青春期夏令营，不仅是这些"00后"的性教育营，还是我们这些"80后""70后"家长和观摩讲师们的性教育营，它为我们补上我们的青春期没上过的那一课，让我们在泪水与欢笑中与自己达成和解。

我们这些"70后""80后"人员，回忆着自己曾不能坦荡面对的"青春困境"，在方老师的课堂上，用力弹下包裹我们的那些"丝网"，用力脱掉那层缠绕我们的"性羞耻"，轻松向前。

下面说说自己的、他人的，那些同龄人的"丝网"，那些"青春困境"。

1. 我从哪里来？

第一天课程，方老师和孩子们讲"我从哪里来"，经过一系列的追问，方老师很坦荡地提出：精子和卵子通过性交结合，性交不可耻，但性交有一定的规则，比如，不能给人带来伤害。

课堂上，有一对南京来的家长，坐在我前排，"70后"，这对夫妻感叹："就是应该这样直接说，不能遮遮掩掩，可惜我们那时都是遮遮掩掩。"这位妈妈和我说，之前儿子问他从哪里来？她明明是顺产，但故意指着肚子上的阑尾手术伤口，和儿子说："是从妈妈肚子这里剖出来的。"

我问："明明是顺产，却骗儿子是剖宫产，为什么呢？"

妈妈回答："说不出口啊，如果说顺产，就要说到那个部位，那时候真说不出口，觉得别特丢人。"

"我从哪里来？"这个问题几乎是每个人都会问的问题，它是我们对自己生命的好奇，它关系到我们对自己的自我认知，它关系到我们内心和父母亲密感、连接感的深度建立。可是，我们"70后""80后"的父母们，几乎大部分都不会正面回答孩子的这个问题。

垃圾桶里捡来、石头缝里蹦出来、白菜地里长出来、观音菩萨送来、从别人家里抱来……五花八门的答案，却几乎没一个是直接坦白地和孩子说："你是我和爸爸爱的产物，你从妈妈的身体里来。"

我小的时候，妈妈说我是石头缝里蹦出来的，我依稀记得年少时某个阶段，被这个问题深深困扰，想着如果真是石头里蹦出来，那是什么样的石头呢，那块石头在哪儿呢，为什么石头会那么神奇？

假如那个时候，妈妈能够直接说出正确答案，会增加我多少幸福感和自豪感啊。

2. 乳房发育不可耻

课堂上的一个内容模块，是方老师让孩子们讨论青春期的重要生理变化，比如，乳房发育、月经、遗精、青春痘等。课堂上，方老师多次有意地引导孩子们："身体发育是青春期的正常生理变化，要开心地迎接我们的青春期。关于乳房，乳房大或乳房小都没有关系，健康的乳房就是美。关于月经，不要将月经污名化，月经代表女性身体进入了一个新的阶段，代表女性拥有了哺育后代的能力，我们要为月经喝彩。"

这些话听着很简单，但我们那时的青春期，没有任何人会和我们说这些。我们在羞耻与恐惧中，小心翼翼地看着身体流出的血；

在自卑中，佝起我们的背含起我们的胸。

记得读初二时，我们班有个女生，发育较早，胸部已经完全隆起，在一大片"飞机场"中对比非常明显，班里的男生给她取了绰号：大奶王。

男生们有事没事就朝她喊叫，任课老师如果叫到她名字起来答题，下面就哄堂大笑，大叫："大奶王、大奶王。"

男生们嘲笑她，我们女生们也觉得隆起的胸部丢了我们女孩的脸，也不理她，所以，她总是孤零零的一个人。

我不知道她在同龄人同班同学的这股恶意取笑中怎么度过的青春期，不知道她怎么看待自己其实那么健康美丽又饱满的胸部。

那么多年过去，想着她孤单迅速地从同学中走过，想着如果那时老师能在课堂上说一声：青春期的身体发育都是正常的，说明我们在健康长大，我们要尊重每个同学，不因发育早晚有任何歧视，我们要悦纳自己的身体。

如果我们的青春期能听到这样的声音，在看到"青春期"三个字时，一定更多是年轻正美好的骄傲，而不是迷茫与困惑。如果那时我们有机会上方老师的性教育课，我们每个人脸上一定多了明媚灿烂的笑，而不是害怕与自卑。

3. 被性骚扰是谁的错

课堂上，方老师用了一下午的时间和大家讲性骚扰，让孩子们分组扮演情景剧，演出各种典型的性骚扰，让孩子们通过亲身体验来增加应对性骚扰的能力。

在课堂上，方老师特意强调了两点：1. 性侵犯是侵犯我们的身体权，被性侵不代表人生毁了，生命最重要；2. 被性侵，不是被性侵者的错，是性侵者的错。不管被性侵者是否衣着暴露，是否没有保护好自己，我们都不能去责怪被性侵者。

在"70后""80后"的成长过程中，一直被强调"贞洁"的重要性，宁愿死也不能被侮辱，这句话深深烙印在意识里。所以，假如不幸被性侵，接下来最大的不幸，就是被性侵者走向自杀。不说别人，就是我自己，在没学方老师的性教育课程前，也一直秉持这样的理念。

"生命最重要！"这是多么振聋发聩的发声，感谢这句话，让我们认识到生命的重要性。

在我读高中的时候，我们当地发生了一件事：一个15岁的女孩子在和一群同龄男生一起玩时，被他们轮奸了。这件事情迅速发酵，成为大家的"谈资"。

我清晰记得，当时大家谈论的重点，不是去谴责做坏事的那几个男生，而是说："这个女孩一定自己不检点，不然怎么会和他们一起玩，现在被轮奸，是她活该，自己不自爱。她以后一定嫁不出去，谁还会娶她。"

甚至她的家人在那件事情后，都从此在我们当地抬不起头来。

我还记得当时自己听到这些声音时的困惑：为什么大家都骂这个女生？为什么好像犯错的是她？

假如在那个时候，方老师就能和大家上上课，这个女生的命运是否能够逆转？

然而，在我们的成长经历中，我们的青春期是孤独的，是迷茫的，好像是独自一人被囚禁在密室里，无处寻找答案。

方老师的性教育营，让我们这些家长在"00后"的青春期课堂上，回忆我们的过往，与自己和解。

执笔：陶剑丽

✳ 陪女儿学性教育，我一次次被惊到了

女儿15岁了，长得挺漂亮的，我一直有个想法，希望在她读大

学前能给予她科学的性教育，也好让我这位做妈妈的放心一些。

夏令营的第一天上午，老师开场不久，就直接播放绘本《我从哪里来》。当那幅赤裸裸的性交照片摆出来时，我是蛮震惊的，心想，尺度蛮大。方老师看来是来真的。

接着的讨论彻底震到了我：他们可以谈什么虐恋，跨物种性交，乱伦……天哪！远超我的想象。

三天来，要分享的点太多了，小结几个让我感到惊叹的地方：

首先是课程。课程设计科学，层层递进，层层深入，全面探讨。课程形式几乎从一开始就是以孩子为主体的活动式，讨论、分组、辩论、竞赛、电影赏析……几乎没有一个上课式环节，没有老师讲学生做笔记的那种被动式学习。这种方式特别适合孩子。

第一天上午孩子们就开始敞开了，后来越来越放得开，他们对于暗恋、遗精、性幻想、处女膜、失恋等话题，都能大方分享自己的经历。他们金句频出。关于恋爱是否影响学习，谈得激烈而深入，为这新时代的青少年点 100 个赞，这群孩子太棒了！也让我看到了未曾看到的一面，其实他们很懂事，我们做家长的有时候想得太严重了。

其次谈谈方老师。三天课程下来，我认为方老师不仅是性学家，还是个教育家。

他能很快跟这些青春期孩子连接上，并进入到他们的频道里，又非常善于倾听，时不时开几句玩笑，又时不时见缝插针地提炼和总结孩子的观点，还时不时提一些关键性的问题，引发这群孩子的思考，正确的价值观就这样悄悄地自然而然地被孩子自己提炼总结出来。太妙了！

这一切都是现场自然生成的，没有任何排练。如果没有深厚的专业知识，内心能量满满，并且懂孩子，懂教育，是做不到这么自然的。

最后，谈谈我自己。这三天的观摩陪读也给我带来了很多的收获：

1．性学知识的增长。我原以为自己在这方面是比较开明的，来到这里后才发现自己不懂的太多了，而且发现原来自己很保守，对性会感到羞耻和批判。当我和孩子们一样，能坦然面对阴茎、阴道、性交这些词时，我知道我突破了，我能科学地面对了，也更客观地看待性。我也学习到：**性本身没有对错，关键是我们对待它的价值观和态度**。太棒了，我有两个孩子，我也知道如何教育和引导第二个宝贝了。

2．我感受非常深的是，老师的互动式课堂形式，让学生自己思考，自己发现，现场碰撞思维的火花和不同的视角，而不是一味地传授。我也是一名教育工作者，这一点，让我从中学习不少，回来就可以用到我的工作中。

3．今后面对性教育问题，我会遵守赋权型性教育的三原则：自主、健康、责任。成长没有捷径，我和孩子都需要脚踏实地。

4．观摩这批初高中生的互动，让我更新了对于青春期孩子的认知，让我对女儿的心智发展更加了解，原来他们比我想象的要成熟，减少了我对孩子成长的焦虑感。从方老师的答家长问，其中有个如何与青春期孩子相处的问题，再次给我启示：尊重、守护、放手、再尊重。

这哪里是女儿的性教育营呀，分明是我这个妈妈的性教育营！

执笔：张曦文

✳ 我曾是一个偷看性杂志的女生

虽然这几天是孩子们的冬令营，我感觉是在弥补我青春期的遗憾。

回想我的青春期，是在杂志《人之初》的陪伴下度过的。

高中时很喜欢追星，喜欢买《当代歌坛》，有次买书时，刚好看到旁边放着一本《人之初》，封面上几个大字：关于月经，不得不说的几个秘密。

这是我第一次最直接地接触性知识，回家花了半小时看完了一本杂志。我感觉是一口气看完的，合上最后一页的时候，我深呼了一口气。

第二天跑到报刊去问，能不能买之前所有《人之初》的旧刊，老板开心地给我翻了好几本出来。

高中对于我来说，的确是很不美好的一个时期。我的青春期非常孤独，懂得多，偏前卫，在当时的集体意识下很受排挤。

十几年后的今天，我在北京，看着现在的孩子们在家长的陪伴下一起参加猫头鹰青春期性教育营。有好几位非常优秀的女学生，积极发言，展示自己的所学所知，震撼了我，也勾起了我高中时期的回忆。

如果我的青春期有这堂课，我的人生也许会完全不一样。

性教育的课堂上，短短的三天，内容非常丰富，更多的是价值观的传递，自主、健康、责任。三项六个字，字字敲打在我的心里。

老师和孩子的直接接触，当面一个个化解问题困惑，太精彩了。

当下的社会，家长们越来越关心性骚扰、性侵，人们会因为对性的恐惧，而让孩子去接受性教育，又因为孩子接受了性教育，开始担心孩子有性行为；一旦孩子有了性行为，就会归罪于给孩子的性教育……这是一个很有意思的恶循环。源头是：人们对性的恐惧。

食色，性也。性，和吃饭一样，是极其普通又平常的话题。

方老师的赋权型性教育的普及之路，会比大众的传统性教育走得要艰辛。思维前卫更广阔，容纳更多元，更尊重人性。先驱者都是自带光环，阻力越多，动力越强。也许20年，或30年以后，会有很多人恍然大悟。

我特别幸运，遇见智慧的猫头鹰，遇见赋权型性教育。

执笔：曹小草

性教育营致力于让孩子拥有做出对自己和他人负责任的行为选择的能力，特别是在涉及身体、情感、性的领域。

孩子们的成长故事是感人的，而这些故事的背后，无不给父母、教育者一个提示：当孩子们受到尊重，被给以机会学习对自己和他人负责任，他们所能够焕发出的能量，许多时候是超出我们想象的。

二、增能中的孩子：

那些感人的成长故事

✳ 老师，你可不可以不要这么流氓？

我第一次成为猫头鹰性教育少年营的讲师，开营第一天上午，一个特别活跃的十岁男孩在课堂上，特别大声地对我说："老师，你可不可以不要那么流氓？"在此之前，我们已经一起玩了脱敏游戏，正逐步从普通的身体器官向性器官过渡。在"说哪不指哪"游戏环节，当我说出"屁股"这个词时，小林从座位上站起来大声表达了自己的感受，他觉得"屁股"这个词很"流氓"。

当时我的心跳有一瞬间加快，但表面上依旧很平静："小林，你觉得在公共场合说到'屁股'很流氓，让你不舒服是吗？"

"是的，老师，我觉得不应该在课堂上说这些乱七八糟的词。"

"好的，那我想问一问小林和同学们，屁股作为我们的身体器官之一，它都有些什么功能呀？"我将小林和我之间的对话扩展到与全体同学的对话，目的是让同龄人之间的讨论能给到小林答案，比我直接去对他说教的方式更好。

同学们纷纷举手发言，有说"屁股上有肉，这样让我们坐着不疼"的，有说"屁股可以用来打针"的，有说"屁股是用来拉屎"的……在有时哄堂大笑，有时认真思考的氛围中，小林似乎明白了什么。

我总结这一环节时，说："我们身体的所有器官都是平等的，它们只是分工不同，同学们同意吗？"我看到小林认真地点着头，大声说："同意！"

在之后的两天半时间里，爱发言的他说起"阴茎、阴道、外阴"等词时，非常自然，没有任何不适应，再也不觉得这些词"流氓"啦！

执笔：赵丹

✳ 笑翻你的 "精英" 和 "公子"

十月初，猫头鹰性教育少年营秋令营在鄂尔多斯首次开营，很顺利，很成功，作为主办方的我倍感欣喜。一直以来，性教育是个充满争议的话题，包括方刚老师在内，为开展青少年的性教育，多年来饱受诟病，承受了众多非议。所以，当这一期圆满结束后，我内心无比欣慰，赋权型性教育走到今天，来之不易。

我特别感谢首期少年营的家长和12名孩子，在这个还不算发达的四线小城，是你们勇敢地挑战了大众避而不谈的话题禁忌，打破了谈性色变的思维习惯。这三天，随着课程中一个个话题的展开，大家时而欢笑，时而惊喜，增能是基础，赋权是希望，期待在这个复杂的生长环境中，它给予我们更多成长的思考、智慧和力量！

少年营的第一天是认识身体和我从哪里来。当助教老师将两个可爱的小人偶请出来，让他们猜两个小宝宝的性别时，孩子们齐声喊道："穿裙子的是女孩，穿裤子的是男孩！"也有不同的声音冒出来："万一是男扮女装呢？"

随后，两位主讲老师马文燕和李海琛开始给大家揭秘，一步一步根据孩子们的要求摘下他们的帽子，脱掉他们的上衣、裤子，然后让玩偶宝宝背对着大家。立刻有孩子兴奋地叫着："有小鸡鸡的是男孩！"所有人哄笑！果然，当老师把这对宝宝转过身来面对大家时，刚才穿小裙子的是小男孩，穿裤子的反倒是小女孩，这个环节的设计也为后面课程中打破男女刻板印象埋下伏笔。

马老师很自然地接住 "小鸡鸡" 的话题，用看图说话的方式，告诉孩子们男生和女生生殖器官的不同，并且教给大家器官的正确名称。有几个孩子脸上流露出不好意思的神情。老师问道："当你说自己的脸蛋、眼睛、胳膊等身体器官，会害羞吗？"孩子们摇头。

那为什么说到生殖器官大家就会不好意思呢？"因为那是我们的隐私部位！"孩子们抢着回答。

老师很认真地看着大家说道："你们说得非常对，因为我们的文化习俗认为，隐私部位只能给自己和亲密的人看，如果公开袒露会引起别人的不适。我们把隐私部位用衣服遮挡，不是因为它们见不得人，而是在尊重文化习俗，尊重他人，所以说身体器官没有高低贵贱之分，每一个器官都是平等的、完美的！"

孩子们表情专注，脸上再没有羞怯和难为情。

上午的课结束之前，再次温习回顾已经学习过的生殖器官名称，孩子们兴奋地抢着回答："精英""公子"……在大家的捧腹大笑中老师纠正道："宝贝们，是阴茎，子宫……"

在这里，我只想说：亲爱的孩子们，这是你们最真实最可爱的表现，说错了不要紧，要紧的是我们要有一颗热爱学习的心，比起犯错，无知才可怕。知识是不会自动钻到大脑里的，知识是与智慧、文明、见识、胸怀成正比的，知识越多我们才越有力量，我们才越有能力说"不"。

愿小小的你，未来有一个自己说了算的人生。

执笔：智晓燕

✳ 女孩子就不能有一个军人梦吗？

在少年营的第一天，我们会让每个孩子用画手指图的方式进行自我介绍，需要向小组成员介绍自己的姓名、年龄、爱好、优点以及梦想。

在介绍梦想时，一个男生说："我长大后想成为一名军人！"此时我看到好多孩子都用崇拜的眼光看向他，想必此时孩子们的脑海中都浮现了军人英姿飒爽、保家卫国的英勇形象。

到了下一组上来介绍了，这个组里有一位女生，她与少年营的其他女孩子不一样，她没有穿粉红色的公主裙、说话的时候也没有像其他女生那么轻声细语，她站在台上介绍自己的梦想时说道："我长大后也要成为一名军人！"当她说完这句话时，马上有个男生大声说："女生也当军人？"

同样是想成为军人的梦想，却因为性别不同，周围的人的态度也随之改变。传统的社会性别观念认为，女孩子就应该是柔弱的，有个军人梦与社会对女性的期待显得有些格格不入。少年营的孩子已经被社会刻板印象所影响，这是一个非常重要的打破社会刻板印象的教育契机，同时也可以为第二天"性别"的内容做铺垫。

于是，我先问了这个女生："你可以告诉我们，你为什么想要成为一名军人吗？"

她说："因为这样就可以保护别人。"

我说："嗯，为了能够保护别人，老师觉得你是一个很有正义感也很勇敢的人。"

接着，我向全体学员抛出一个问题："女孩子就不能有一个军人梦吗？"

有很多孩子开始发表自己的看法，他们说道："女孩子可以成为军人，我们国家也有女军人，阅兵式上也有女军人。"在孩子们观点的碰撞中，大家慢慢得出了女孩子也可以当军人的结论，我发现一开始提出质疑的男生也陷入了思考。

于是，我又提到了本来想在第二天讲性别时与大家讨论的《哪吒之魔童降世》这部电影。当我问大家有没有看过这部电影时，他们都很兴奋地说看过。但是，在这里我们不是讨论哪吒，而是讨论哪吒的妈妈。

我问他们："哪吒的妈妈是做什么的？"

孩子们说："打妖怪、斩妖除魔。"

此时我引导孩子们，哪吒的妈妈虽然是女性，但是她也可以身穿盔甲去斩妖除魔，保护陈塘关的百姓们。可见，**职业不分男女，女孩子也可以有一个军人梦**。

在这个过程中，我没有强行把性别平等的观念灌输给孩子们，也没有完全按照既定计划去上课，而是根据现场孩子们出现的问题，及时抛出问题、及时引导，不错失任何一次进行性教育的契机。孩子们在表达自己观点，倾听同伴观点的过程中，也是在进行同伴性教育的过程。在观点的碰撞以及教师提供资源（电影例子）的过程中，孩子们慢慢地形成了性别平等的价值观。

在第二天的课程中，想成为军人的女孩子穿了一件迷彩T恤来上课。在画未来性别畅想图时，她画的依旧是一个有正义感的军人形象；而她在分享自己的性别畅想时，没有再出现质疑的声音。这让我深深地体会到，我们的课程不仅是为孩子种下性别平等的种子，也在用心地呵护着他们的梦想。

三天课程结束后，女孩的妈妈反馈到，一开始她觉得自己的孩子跟其他女孩子不一样，大大咧咧的男孩子性格让她觉得很焦虑，甚至担心她这样的性格长大后会不会变成同性恋。但经过这三天的课程，她知道这就是孩子本来的样子，开始慢慢地接纳与理解孩子。我对家长说："您的接纳与理解就是对她最大的支持，可以让她更有力量！"

若这世界上多一个孩子有性别平等的观念，那这个世界上便会多一份尊重，而这正是我们正在努力做的事业！

执笔：许舒婷

✳ 我领一群男孩去女卫生间，他们说又恶心又刺激

我们的少年营，大多开在寒暑假，正是孩子们跟家长出去旅游的旺季。

在少年营的第一天，第一次休息之前，我们总会问孩子们："你们去过公共卫生间吗？"在孩子们用"老师是白痴"的态度回答了"去过"之后，我们还会抓住一个男生问："你去过女卫生间吗？"当然也有可能抓住某个女生问她是否去过男卫生间。这个问题的回答，一定伴随着哄笑和若干评论："老师你糊涂了吧？""老师你想让我犯法吗？""老师你是变态呀！"

每当这时，我都笑得前仰后合，会布置给他们一个特别的课间作业——带着疑问参观异性厕所：和我这边的厕所有什么不同？

孩子们一边兴奋，也一边忐忑，总有人问我："老师，我们会不会被人当成坏人抓住？"我总是故作玄虚地说："有王老师在，什么都不怕。"（当然，我们早就做过准备工作，清过场了。）在北京、上海、长春、青岛，我都有过领一群男孩子去女卫生间的经历，他们一边说恶心，一边两眼放光地说刺激。

在卫生间里，有人说这边和那边也没什么区别；曾经有个女孩坚定地捂着鼻子说："我知道区别了，这边比那边臭！"最搞笑的是长春营的三个男生，出来之后兴奋地跟我说："我们三个在女卫生间小便了一次才出来——而且，我们用的是同一个蹲位！"

休息结束，我们回到课堂上，大家七嘴八舌地分享"异性厕所之旅"的刺激之后，我接着问：你有过在公共卫生间排队的经历吗？你有过陪家人朋友在公共卫生间排队的经历吗？几乎是异口同声地回答"有"，再继续追问，得到的回答不出意外的都是女生在女

卫生间排过队，或是男生在旁边等着在女卫生间排队的妈妈。只有一个例外，是一个男生愤愤不平地说，一次课外活动的时候，女生把两个卫生间都占了排队，他们几个男生只好等着所有女生都上完厕所才能去卫生间。

哈哈，有意思，课程正式开始。

1. 为什么总是女卫生间排队？

学生回答如下：

※ 女生上厕所慢，要脱裤子，蹲下，站起来，提裤子；男生站着就解决了，快。

※ 在长春营有男生抢着说：着急的话男生可以几个人共用一个小便池，女生要蹲下来，太占地方。

※ 女生那边地方和我们男生一样大，可是一个个隔间蹲位占地方，导致蹲位少；男生小便池不占地方，位置多。

女生和男生上厕所次数一样多吗？——提示性插问。

※ 好像不一样，我感觉我班女生总是上厕所，真是不知道为什么？

※ 女生会有月经，上厕所次数就多，还很慢。

※ 在外面，我妈总去卫生间补妆。

有没有什么特殊情况，使得女性上厕所次数增加或是时间延长呢？想一下你们生病的时候。——提示性插问。

※ 女人怀孕时上厕所的次数多。

※ 对！我妈妈说过她怀孕的时候一个晚上都要起来上好几次厕所。

2. 怎样解决女卫生间排队问题？

学生回答如下：

※ 多建卫生间。

※ 增加女卫生间蹲位数量。

※ 人特别多的时候，两边都让女生先上。（这是之前那个愤愤不平的男生说的，不过他想了想又说，给男生留一个位置就行。）

你们知道无差别卫生间／性别友善卫生间吗？——提示性插问。

※ 老师，我知道有一种可以让女生站着小便的小便器。（这个男孩子是北京少年营的，他的业余爱好是"医学"，知道相当多的医学及相关知识，给我留下了深刻的印象。）

3. 解决女卫生间排队问题谁受益？

※ 女生呗，这还用问！

※ 等妈妈的时间短了，我和爸爸也受益。

※ 妈妈们照顾的小孩、老人和病人一起受益，全家受益。

知道性别多元吗？知道跨性别吗？无差别卫生间还让他们受益，明天我们仔细讲这个问题。——提示性插问。

※ 我们全社会都受益，我们每个人都受益。

※ 男女卫生间面积一样大，是表面上的平等；男生女生排队时间一样长，是真正的平等。

课堂上，孩子们的表现从来没有让我失望：

有同学说，我从来没见过比男卫生间大的女卫生间。

有同学说，我们应该给市长的微博留言，让他们改正。

有同学说，下次出去玩，爸爸等妈妈去卫生间不耐烦，我就批评爸爸，是卫生间不够，不是妈妈太慢。

还有同学说，长大后我要成为设计师，一定考虑这个问题，不让女生排队，男生看着女生排队好丢人。

……

第二天，看到一个学生妈妈的朋友圈这样写道：

身为一名女性，不知道在卫生间前面排过多少次队，不知道领着女儿排过多少次队，却从来没有细想过这中间的原因，好像习以为常了。

回家的路上坐地铁，女儿说：妈妈，不仅是卫生间，地铁的拉手你伸手就比爸爸伸手吃力得多，大多数女性都这样，这也是不公平。

我已经在这样的社会中被驯化了，我希望我女儿可以有一个更公平的社会环境，更自由的生活空间。

如果我女儿这一代人，都有这样的思想，那么就会实现的。

一次，升了初一的一个女孩子给我发私信：

军训的时候，中间休息之后，男生集合速度总是比女生快，教官总批评我们女生磨蹭，我说："你这样不公平，男生厕所位置比女生多，上厕所时间还短，他们当然快。"说完之后教官不太满意地看了看我，没说话。我紧张得心怦怦跳，脸发烧，好像都快哭了。我从来没有这么勇敢过！

我的性教育工作，就是在这样的家长和学生的鼓励中前行，坚定地，充满力量地前行。

性别平等是被写入《宪法》的，女性跟男性一样，享有受教育、工作、婚姻自由等等的基本权利。且不说很多的平等还停留在纸上，就像卫生间、地铁扶手这样看似公平但实际对女性极为不友好的事物充斥在我们周围，性教育给了我们敏锐的目光，不要习以为常，不要被驯化，每个人都争取一点点平等，社会才会越来越平等，可不能指望自然而然变好。

我和我的同伴们的工作，就是在孩子们心中种下一颗种子，一颗性别平等、尊重多元、包容差异的种子，在孩子们的成长过程中，这颗种子也会生根、发芽，让孩子们拥有更加自由、自信的心灵，建设一个更加包容、幸福的社会。

执笔：王艺

✳ 我才六岁，但知道自己是从阴道出来的

虽然过去很多天了，但猫头鹰性教育少年营上海站孩子们的音容笑貌仿佛还环绕在我的周围，让我觉得温暖又欣慰。

在我们这期上海少年营里，有一个长得像韩国小朋友的小女孩，她叫箸仪，每天扎着一对小辫儿，粉扑扑肉团团的小脸，一张极会说话的小红嘴，可爱极了。

箸仪是这期少年营里最小的孩子。她只有六岁，有许多字还不太会认，更谈不上写了。我们的少年营的招生对象是6—11岁的孩子。每次都会有个别家长对这个年龄范围提出诸如"六岁就开始学性教育，是不是太小了？会不会听不懂？会不会有人不跟她玩？会不会跟不上节奏？"

起初箸仪的妈妈也担心，她是不是年龄太小而有可能会得不到最好的教学结果，最后发现是低估孩子的能力了。

在我们的夏令营里，孩子们一进入夏令营的第一天，就需要根据老师的要求完成找三个新朋友的任务。

在一个陌生的环境里面坐下来还没有几分钟，就要开始自己主动找朋友确实不是一件那么容易的事。有的孩子一开始便在原地踌躇，有的孩子等着别人来找自己做朋友，有的孩子一会儿就找到朋友完成了任务，有的孩子很会交朋友最终超额完成了任务。

六岁的箸仪，就是超额完成任务的孩子之一。

她不太会写字，就问助教老师："老师，我有的字不会写，您能

帮帮我吗？"助教老师便和她讨论她想要写些什么，然后帮助她写下来。写完后，她望着那些陌生的字一个个念念，便满足地继续下一个环节。

当你还没有某些能力的时候，你可以运用你的智慧，去找有这方面能力的人帮助你。只要你知道你想要别人帮你做的是什么，懂得向他人开口，总会有人伸出热情的手来帮助你。

对于三岁的孩子来说，也许当他在问你他从哪里来的时候，"你是从妈妈肚子里生出来的"这样的答案已经可以让孩子很满意了，但是对于再大一点儿的孩子来说，这可就未必了。

我们的少年夏令营里，第一天就会通过绘本的方式给孩子展示他从哪里来的全过程。

绘本就在 PPT 上显示着，孩子们都屏息凝视地看着老师翻页。有的画面孩子们会笑；有的画面孩子们会害羞；有的画面孩子们会张大嘴巴；有的画面少数几个孩子还会用手指做出要把眼睛遮住的姿势，却把眼睛前的手指分开偷偷看。

箸仪不笑，她也不用手指遮住眼睛。她会趴在椅子上，双腿跪好，然后指着她看得懂的画面说话，又像是自言自语，又像是在帮旁边的同学解释绘本上面的图画。

当我问孩子们："你们知道宝宝是从哪里来的吗？"箸仪便很大声地回答："宝宝是从妈妈的阴道里生出来的。"

哇哦！家长席那头开始传来吃惊和表扬的声音。

孩子们之间传来"她怎么知道"的躁动。

箸仪知道阴茎和阴道，知道精子和卵子结合后会变成受精卵，知道胎儿的营养是通过脐带输送的，知道胎儿一般要在子宫里面待上 280 天才能从妈妈的阴道里出来……

她说阴茎阴道的时候大大方方的，一点不羞怯，也不回避！

这些课堂表现的背后，有着箸仪和妈妈之间的趣事：

"大概她懂事就问我自己从哪里来的，我就直接说了，肚子里生出来的。当时她感兴趣的点是我跟她讲宝宝想吃什么可以通过敲妈妈肚子的方式给妈妈发暗号，宝宝想吃西瓜桃子饺子之类，妈妈就通过脐带给她运送！

"五岁左右，这些就不能满足她了，我正好以前大学时候看过一本韩国的漫画，是讲精子王子和卵子公主相爱的故事，就凭着记忆给她讲了，她特别喜欢听，连讲了三晚。故事里也有一些技术性的问题，我想着瞒不了她，就也讲了。然后就开始玩自己生宝宝的游戏，她当妈妈，我当爸爸。"

我很感动箸仪妈妈课后在微信上告诉我这些，可见家庭性教育的重要性。在良好的亲子关系下给孩子建立一个可以谈性的氛围，根据孩子的年龄和接受能力适时适地地给孩子做性教育，不回避孩子的问题，也不编谎话欺骗孩子。

箸仪妈妈做到了，所以年龄只有六岁的箸仪可以回答出 11 岁孩子都可能回答不出来或知道答案也说不出口的问题。

我们的少年营，也会讲到关于月经的知识，当然也少不了指导孩子如何使用经期的卫生用品。

面对多种多样的卫生用品，孩子们特别兴奋。每个人都愿意按照老师的示范和要求亲自体验一下完整的操作过程，并且操作完后认真地包好残物扔到垃圾桶里。

箸仪妈妈告诉我："之前在公共卫生间看到卫生巾，挺可怕的，我都说是肯德基的番茄酱，或者趁她不注意换个蹲位。这次老师们讲月经的时候才知道，原来她早就发现我这个秘密了。庆幸因为要参加夏令营，才跟她有了这次沟通，才发现这个小家伙原来也有自己不跟妈妈讲的话哟，这次讲完她很兴奋，没有反感和害怕，我就放心了。"

不知道小箸仪是从什么时候发现妈妈口中的"番茄酱"其实是经血，发现真相的她，内心又有着怎样的想法呢。

孩子总会长大，在建立好家庭性教育的同时，同伴性教育也随着孩子的成长与交友而悄然进行着。如果大家都接受正确科学的性教育知识，那将是一件多么令人兴奋而宽慰的事情。

我们坚信，给孩子做性教育从来都不会嫌早，知道阴茎阴道这些正确的名称只会显得我们学到的知识正确科学又丰富，六岁就知道自己是从妈妈阴道里来的孩子更值得人羡慕和尊敬！

执笔：胡艺

✳ 那个画坦克的男孩

我是第三天给孩子们上课。在上课的一开始，我让孩子们画一画自己的家，没有太明确的要求，具体要怎么画，只是告诉孩子们要画，画成什么样都可以，现在的家、理想的家、未来的家……没有好坏之分、没有任何评判，按照自己的想法、想象，自主创作。

一声令下，他们的画笔在画纸上窸窸窣窣运作起来，他们的思维如同解开缰绳的马驹，在辽阔的草原上奔驰，任自己的想象自由发挥。

有的孩子画了家庭的平面图，是独栋别墅，三层，第一层住保姆，第二层自己住，第三层父母住，居然还画出了地下室。能画出这样的平面图，离室内设计师不远了吧。

有的孩子画了理想中自己的房子，在云朵上，离月亮很近，一家人围坐着，可以窃窃私语，太温馨了，好美好和谐的画面。

有的孩子画了未来的家，是一个超智能的房子，一个按钮，什么问题都能解决，还可以解决父母的养老问题。高科技的房子，是不是让人也很向往？

但有一个孩子画的不是家，是一辆坦克，有着厚厚的铁皮的坦克。坦克中大概有十几名士兵，各司其职，坚守在自己的岗位上。他很主动地上台分享他的"家"。

他说："我觉得这个坦克很像我的家，有着厚厚的保护壳，谁也不敢欺负。家中有很多人，都在自己的岗位上，缺了谁都不行。"

我说："这个家给了我很安全的感觉。"

孩子马上点头称赞："是的，老师，很安全。"

家，为什么会是一辆坦克？这引起了我深深的思考。

我想可能在孩子幼小的心灵上，他觉得他要足够的坚强才能抵御内心的脆弱；他还觉得家要足够的坚硬，才能提供足够的安全感；家中要有很多人，每一个岗位上都要有人在。

分享完大家的画，我来总结家庭的类型，其中有一类，是单亲家庭……说到这的时候，画坦克的孩子突然趴在了桌子上了。他前两天不是这样的啊，包括分享自己画的家，也很积极踊跃啊，怎么默不作声了呢？

带着我的疑问，我继续讲道："父母不生活在一起，不是你的错！当然也不是父母的错，可能他们只是不合适在一起，这不妨碍父母对你的爱。虽然父母分开了，但他们依然是你的爸爸妈妈，他们依然爱你。"

当我讲到这里的时候，那个孩子抬起头，开心地笑了。我突然感觉到，是不是我触动了他的哪一点？肯定是。这开心的笑，就是证明！

上午课程结束时，我让孩子们把自己画的画拿回家，交给父母。我看到画坦克的男孩了，在画的背面写下了什么。

中午，孩子妈妈特地找我说，她和孩子的爸爸离婚了，她自己带他，接送上学，照顾起居，很不容易。每当有人提起这个话题的时候，平时再活跃的孩子也会变得沉默，可能是不愿去面对吧。

让妈妈感动的是，那天孩子把上课的画给她，并且在后面写了一句话："妈妈，我们的家庭不完美，不是你的错，相信我们能重新站起来，看到更好的明天！爱你的儿子。"

妈妈给我读了两遍，热泪盈眶地说："张老师，我觉得孩子的心结打开了，这么艰难的事情，今天在这里解决了，谢谢您！"

这个画坦克的男孩啊，老师一直想对你说，你是一个特别棒的孩子，有想法、勤思考、善表达。虽然家庭的不完整让你很有压力，但这何尝不是一种历练呢？接纳自己的爸爸妈妈，接纳自己的状况，尊重自己、珍爱他人，去实现自己的人生梦想吧！老师看好你哦！

执笔：张平

✳ 八岁女孩会说话的眼睛

第15期猫头鹰性教育少年营在厦门举行。第二天上午，通过大风吹的游戏和绘本《威廉的洋娃娃》展开性别的课题内容，孩子们在学习和探讨中慢慢地有了性别平等的意识，去除了性别的刻板印象，玩具不分男女，颜色不分男女，职业不分男女，家庭分工不分男女……

八岁女孩K突然大声地说："不对！"

我好奇地"哦？"了一声，问："为什么呢？"

我朝向她的方向走去，身子前倾期待她的回答。

她对着话筒说："可是，男孩和女孩长大以后做的事情就不一样了，女人要带孩子，男人不用带孩子。"

她说完这句话转过身看了一眼在后面观摩的妈妈。

我边听边点头，若有所思的神态问大家："那其他同学认为呢？"

同学们纷纷发表了"爸爸和妈妈都要养育孩子"的观点。

我问大家："昨天上午学习了丹麦的绘本《宝宝从哪儿来》，绘本中每一页都有一个共同点，大家知道是什么共同点吗？"

大家纷纷回答："都有人""都有图""都有字"……

直到一位同学举手回答："都有爸爸！"

"对！都有爸爸！"当我大声地肯定和赞赏回答正确的同学的同时，我也习惯性地看着这位女同学，确保她能知道答案。

我把重心放在了强调男性参与家务和带孩子的重要性，我继续解说："爸爸和妈妈亲密的时候有爸爸，妈妈怀孕做产检的时候有爸爸陪伴，妈妈在医院产房生宝宝的时候爸爸在一旁陪着妈妈，宝宝出生的时候爸爸在场，宝宝出生后爸爸陪着妈妈照顾宝宝，所以，生孩子并不单单是女人的事情，生孩子和带孩子是爸爸妈妈一起做的事情。"

说着说着，原本开朗活泼的 K 似乎露出了尴尬的表情，想笑又无法自然地笑，低头做小动作避免和我的眼神对视，我立马意识到强调"男性参与"的内容似乎让她有了些许无所适从的不开心，她回头看了一眼妈妈又转回来低头玩手指，妈妈认真地听着，眼眶有些红润。我猜，很有可能她现在的生活中没有爸爸参与，才会有她所说的"妈妈要带孩子，爸爸不用带孩子"的观点，于是我立马补充："但是，在我们的生活当中，确实有家庭只有妈妈带孩子，或者只有爸爸带孩子，或者爸爸妈妈都没有时间而是由爷爷奶奶、外公外婆或者其他亲戚带孩子，这一切都很正常，只是因为爸爸妈妈商量好的，家庭分工各有不同而已。"这个时候我在扫视全班同学的过程中，看到她抬起了头，她与我对视，她赞许地点着头，她的眼神不再像刚才那样尴尬了。

那一刻，我很庆幸，我看到了笑颜可掬的她收敛表情的一瞬间，捕捉到她躲藏和无处安放的眼神，她让我意识到了在讲男性参与的同时，不能忽略家庭的多样性在孩子们生活中的存在，更不能忽略了学生的反应。

第三天上午带领孩子们思考家庭的多样性，K举手回答："比如，我爸爸和妈妈离婚了，我跟我妈妈一起生活。"讲完这句话的时候，她依然转过去看看妈妈，我也注意到了妈妈的表情，妈妈笑着看女儿，眼睛里写满了对女儿的赞赏和鼓励，孩子回答完特别自豪地笑着坐下。

画"我爱我家"的时候，我带着好奇心有意去探索她的故事，我弯下腰问她："我可以看你的画吗？"

她爽快地说："可以啊！"

我看着画问她："这房子这么大，是你现实中的家，还是你希望中的家？"

她回答我："我希望中的家，呃，也是现实中的吧。"

然后凑到我耳边跟我说悄悄话："我爸爸和妈妈刚刚才离婚，我和我妈妈就要搬去一间小房子住了，现在住的是我原来和爸爸妈妈的家，我妈妈没有告诉你吗？"

"不管你妈妈有没有告诉我，那都是我和你妈妈的秘密。但是你告诉我的就是我和你的秘密。"这句话可能获得了她更大的信任感，她笑着告诉我："我要在院子里画人，画我和我妈妈，还有……算了，就画我和我妈妈吧！"

我说："可以啊，如果你还有特别想画的人，也可以呀！"

她告诉我："我本来还要画我爸爸的，可是，哎，算了，不画他了！"这时候她嘟着小嘴眼睛看向了妈妈那儿。

我猜测："是不想画爸爸了，还是怕妈妈看到呢？"

"我怕我妈妈看到会难过。"她的眼神很坚定地看着我，一点也没有躲闪。

这果然是一个心思特别细腻、照顾他人感受的孩子，我在想，是否在肯定她的同时也应该去启发她学会照顾自己的感受，学着满足自己的需求，我也应该引导她看见每一件事情的多种可能，引导她做出属于自己的选择。

我又问她："你又想画爸爸，又害怕画了爸爸后，妈妈会不高兴，那该怎么办呢？是选择画出自己想画的，还是为了妈妈的感受就不去满足自己呢？"

她想了下回答："那我还是想画我爸！不然，我把他画在看不见的地方？"说完发出了爽朗的笑声，"藏在屋子里吗？"看来她经过思考，想出了一个两全的方法。

在介绍"我爱我家"的作品时，她介绍完房子、妈妈和自己，还特别介绍："窗口露出来的这一点是我的爸爸，我爸爸在房间里看着我和妈妈在院子里玩耍。"

介绍完，她冲着我自信地笑着。坐回自己的位置后，她眼神里闪着自信的光芒，看向观摩席的妈妈。我从她的眼睛里看到了她对父母离婚的坦然。她最终选择的是坦然画出自己想画的，坦然说出自己想说的话。

我边讲解边扫视全班的时候，看到妈妈笑着看着女儿，眼睛湿润，在努力地睁大眼睛转动眼珠，极力地避免流泪。妈妈的眼睛也会说话，她的眼睛里有对女儿的赞赏，有对女儿可以坦然面对父母离异的欣慰，这份欣慰也给了自己坦然面对离婚的勇气。

执笔：王晓斌

✳ 反性侵，可不是"泳衣覆盖的地方不能碰"

2018年2月，猫头鹰性教育少年营开课时，我作为学习中的观摩讲师，每天晚上参与讲师讨论，我们提出了非常多的建议，也做了非常多的笔记。

2019 年 2 月，我开始讲课了。到了七八月，我们的少年营在 13 个城市开花，200 多名学生和他们的家庭因此受益，我在长春营和青岛营当了带队组长，收到家长和学生的一致好评，我自己也是收获颇多。

性教育中有一部分重要的内容，也是家长最关心的内容，就是反性侵的教育。有的家长以为我告诉了他"泳衣覆盖的地方不让人碰"就完成了反性侵教育；有的家长就是被各种儿童被性侵的案例吓到了才来报名；甚至有家长就认为，性教育就是反性侵教育，学了性教育，他的孩子就安全了，除了反性侵，其他都没有必要学。

有很多机构做过儿童反性侵教育，也有很多的儿童反性侵视频、教程，可以轻松地在网上找到，也有的家长给孩子看了这些视频，或者陪孩子一起看了。但是，这些都不够，甚至，不对！少年营中，我们用第一天的整个下午来做反性侵的教育，只不过我们将之叫作——"身体权"教育。同时，我们将我们的反性侵的理念和操作贯穿、渗透到三天内容的始终。

少年营的第一天上午是充分认识身体，第一天下午的时候，在充分认识身体的基础上，就要讲讲"身体权"了。

我的器官我做主，每个器官都平等。

所有器官都珍贵，所有器官都要保护。

我们的身体权利教育告诉孩子们，性骚扰不仅针对性器官，违背我们的意志，即使拉手、拍肩膀也有权利拒绝。我们更加不会给予性器官特别重要的地位，被伤害也就是一次身体伤害，才不是我们做错什么。

我们拿出来一张纸，这张纸上画了三个光着身子的小人，一个男孩正面，一个女孩正面，一个女孩背面。我们让孩子用红颜色画出来自己不喜欢被别人碰、不可以被别人碰的地方；用绿颜色画出来可以被别人碰、被人碰到并不介意或者被人碰到会很开心的地方；用黄色画出来不能确定的地方。

有同学问："老师，我到底是画男孩还是画女孩子呢？"我告诉孩子们说，将这个同性别的小人当成是自己，将异性别的小人看作是别人、对方、异性。我们区分自己的身体界限是为了保护自己，那么我们区分他人的身体界限是为了什么？是为了尊重别人。保护自己，尊重别人，这是必须同时存在的。如果你对他人的感受不确定，可以礼貌地询问；如果你不小心冒犯了他人，要真诚地道歉。

坐在后边的家长像一排小鸡啄米一样点头。

孩子们画完之后，他们把自己的画贴到墙上，然后一个个上前来解释自己涂画的含义，以及这样画的原因。红色和绿色的地方很好解释，黄色代表不确定的身体部位，是孩子们讲解的重点。有的孩子说不同的人碰我，我的感受不一样，我喜欢妈妈抱我，不喜欢陌生人抱；有的孩子说不同的场景碰我，我的感受不一样，虽然打针很疼，很不喜欢，但是为了治病也是要接受的；有的孩子能清楚地分出来。不同的情绪也是有区别的，开心的时候你碰我的胳膊、肩膀我就不介意，不开心的时候碰我哪里我都不喜欢。

有一个小女孩给我留下很深的印象，她梳着双马尾，拿着话筒，站在前面，讲到屁股的时候，说："我的屁股不能被人摸。"她犹豫了一下，接着说："因为被人摸了会'羞羞'。"当她说完了，我进行点评的时候，我在问她，也问所有同学们："被摸了屁股，问什么会'羞羞'，你做什么不好的事情了吗？你犯什么错误了吗？"同学们都愣住了，他们对我的提问感到很意外。

你为什么要"羞羞"？我认为在这件事情当中羞的不应该是你，应该是违背你身体权利的人，应该是他"羞羞"才对，因为做错的是他！而不是你。——在我一句接着一句的或者疑问或者惊叹或者肯定的口气中，我跟孩子们强调——任何情况下我们要分清楚，谁对谁错，**性骚扰中，不是被骚扰者的错，是实施骚扰的人的错。**

这些话，再一次引发了后边一排家长的频频点头。

少年营第二天上午，是"情绪管理"的内容，有一个环节是让孩子抽取各种情绪的卡片，不告诉别人卡片上的内容而是将情绪表演出来，让大家猜一猜。当然了，发给他们的卡片，看似随机，实际上是我精心安排的，其中有一张卡片上面写的是"丢脸"。拿到这张卡片的孩子表演完之后，我问他们："什么时候你们会感觉'丢脸'？你们喜不喜欢这种感觉？不喜欢要怎么办？"孩子们七嘴八舌地说："被批评的时候、考试没考好的时候、穿错了衣服的时候……会感到丢脸，很不好受，以后要注意，不要再犯错了。"

话筒传到我手里之后，我问："早上我上学路上，在公交车上被人摸了乳房，我很不舒服，也不开心，我丢脸吗？被摸了乳房会影响我考试得100分吗？会影响我考上好大学吗？"在我和孩子们的一问一答中，我传达给他们这样的理念——被性骚扰、被性侵，固然不舒服、不开心，没有人会感到开心，但这并不是"丢脸"的事，也不是做错了什么，更加不影响我们的努力和追求，不妨碍我们美好的生活。

你们猜，家长们是什么反应？

少年营第三天上午，是"家庭"的主题。我们会带领孩子们画一画自己的家；讨论一下家庭分工合作、共同承担责任；还会跟孩子们讨论不同的家庭形式，一个人的、两个人的、三个人的……家的形式有很多种，但是关键是有"爱和支持"才是美好的家。

我问孩子们：妈妈生病了，没有接你放学，你还爱不爱她？爷爷年纪大了，只能坐轮椅了，再也不能跟你一起去公园，你还爱不爱他？你受伤流血了，爸爸带你去医院包扎的时候一直皱着眉头，他是不是不爱你了？当孩子们大声喊出："爱！爱！不是！"这样的答案之后，我再问他们："如果有人被性侵了，他的家人还会爱他吗？"让孩子们意识到家人的支持就是要不离不弃，而我们受到伤害之后，也会从家人那里得到帮助和支持。

后排的家长已经不仅仅是点头了，有的人悄悄地流泪了。

性教育是个系统工程，性别平等、尊重多元、反对暴力、保护自己……没有任何一个问题是看一本书、看几分钟视频、上一节课就可以解决的。

三天的少年营，我们精心设计课程，力求覆盖性教育的方方面面，除了在活动中传递理念，从根本上教孩子们学习判断和选择，更重要的是我们要在家长的心中埋下一颗种子，希望他们跟孩子一起健康成长。是的，性教育不仅是关于"性"的教育，更是关于"成长"的教育。

执笔：王艺

✳ 因拒绝加分而闹绝食的男孩

常州性教育少年营里有一个男孩子叫牛牛，他特别不满老师给答对问题的小组加分的鼓励方式："在学校也分分分，在这里也分分分，我反对用加分数的方式！"

主讲老师赵丹尊重牛牛的意见，立刻在问答中改用民主投票来决定胜负，结果有的同学回答对了却没有同学愿意举旗给予分数，有的同学回答错了反而很多人举旗，更多的是体现在只为本组的队员举旗，不为其他组的成员举旗，所以"民主实践"导致不论回答是否正确，都无法公正得到票数。

"相比之下，加分是我们目前可以想到的最公平公正的方法了。"赵丹老师给出了结论。

下课后同学们纷纷去吃午饭，教室里只剩牛牛还在看书。

我便招呼他："走吧！我们一起去吃饭。"

他带着情绪回答："不吃！"

他爸爸过来问他："你不开心是不是？你心情不好，对吗？"

他捏紧拳头轻敲桌子做出不爽的表情："反正我不吃饭！我绝食！"

我坐下来问他："你愿意告诉我为什么绝食吗？要不然我都不知道你是因为什么不高兴呢。"

"我不说！我就是绝食！我不吃饭！"

"嗯！好！你不想说就不说，你绝食，我也尊重你，但是我已经饿坏了，我必须得去吃饭了哦。你随时要吃饭就来找我一起吃。"我也与他爸爸示意了下，达成我走在前面的共识。

他跟在爸爸身边，走在我身后。当爸爸进了饭店包厢之后，孩子没有跟进来，大家关切地问起，爸爸是这样回答的："没关系，现在他正在情绪上，说什么都没用，就让他自己冷静冷静。我跟他沟通好了，他是同意我进来吃饭的，我也同意他在外面玩，我同意他可以不吃饭。"

我感受到了这位爸爸对孩子情绪的接纳、包容和尊重。

过了一会儿，孩子上来了，跟爸爸要手机，催促爸爸："快一点儿吃！吃完快一点儿走！"

我们给牛牛搬了椅子放在我和他爸爸的位置中间，他便勉强坐了下来。

他很用力地用筷子戳开碗的塑料膜，发出"嘭"的巨大声响，大家都吓得屏住呼吸，对视了一下，我直接表达了："你这太大声了，都把我吓坏了！"

他说："哼！"大家愣住了。

常州营的主办人涂老师用一句话打破尴尬的宁静："没事！你开心就好！"边说边给牛牛盛饭菜。我们已经吃饱了，仍然围坐在桌边，看着牛牛狼吞虎咽地吃下去两碗米饭。

对于他制造很大的动静，爸爸没有阻止他，没有责怪他；关于吃饭，爸爸也没有刻意照顾他，哄他，一切都以平常心对待。我在这个饭桌上思考，牛牛敢于在课堂中提出对加分做法的不认同，善于思考、敢于批判，有别于其他孩子，可能也是父母在家庭教育中的民主和尊重，给孩子带来大胆去想和表达的勇气；而对于他故意制造各种大动静，让大家时不时眉头一紧，在下午的情绪课题中，我也将会引导孩子们了解情绪没有好坏之分，但是在表达和发泄情绪的时候还需要尊重他人。

下午一上课，孩子又在爸爸的观摩座位边扭扭捏捏地贴着爸爸，不愿意走进课堂，我走过去问他："你选择坐在这里听课，还是回到你的座位上听课呢？"他体现出跟爸爸撒娇和求助的状态，在表达不想离开爸爸。

我便说："如果你想坐这里也可以，我相信你一样会认真听课，我相信下午的课程内容会让你很感兴趣。虽然我个人是非常希望你回到座位上跟大家一起互动的，也随时欢迎你做好准备坐回去。老师边给大家上课边等你？"他弱弱地点了点头。

走回讲台的短短路途中，我有一股自信，相信他会回到课堂上，我相信当自己可以对一个学生做到关心、接纳、尊重的时候，同样会吸引到一个学生过来支持我的课程。

我不会为了一个孩子忽略了全班同学和课程的顺利进行，但是也不会为顾及全班同学而忽视任何一个孩子。我在讲课的过程中，会与每个孩子眼神交流，包括远处家长观摩席的牛牛。如我预想，他慢慢地挪进来，其乐融融地与大家一起互动了。

课间在院子里聊天的时候，我问他中午闹绝食的原因。他告诉我，他不赞成用分数作为衡量优劣的标准，但是又想不出更好的方法，所以用绝食表示抗议。我理解他的无奈和懊恼，也支持他有独立思考的视角，面对学校普遍使用的评分方式可以大胆地提出质疑，我说："但是，当我们对一个规则无法心悦诚服接受的时候，我们可以选择改变它，也可以选择暂时接受和顺应它。我们有时候就是没有办法一下子就想到解决问题的办法，但是可以先遵守一个大家都能认可的规则，沉着冷静地想办法。"

我又说："我从来都不敢在饭桌上制造出像你中午一样大声的声响，因为我会特别照顾别人的感受，我会很担心让别人不悦，我也会很害怕让爸爸妈妈说我是一个不懂规矩的孩子，但是，我发现今天的你特别自我，我行我素，要怎么做就怎么做……"

我是计划先扬后抑，想要在肯定后同时告诉他不顾他人地发泄情绪缺少了对大家的尊重，但是我还没有开口，他立马就说："其实我心里也很抱歉，我知道我做了一件别人都很反感的事情，我没有照顾到别人的情绪。不能因为我自己不开心，就让别人也不开心。"

在下午的情绪课题中，我们总结了情绪没有好坏之分，但是情绪的发泄方式有好坏之分。我们通过画选择轮来引导大家探索自己缓解情绪的方法，牛牛画出了看书、打枕头等多种缓解情绪的方法，并举手主动要求分享。

牛牛告诉大家："我这里面画的方法很多，但是都有一个前提，不可以不尊重他人，更不可以伤害他人，不管是肢体上的或者是精神上的。"

他也在分享的过程中举了自己中午绝食和耍脾气的例子进行了自我剖析，不仅带来了同学们和家长们的理解，还使大家对情绪的表达和缓解有了很多感悟。我想，这些感悟将不仅帮助到孩子们的成长，也会带给家长日常生活中对自己和对教育的反思。

执笔：王晓斌

✳ 妈妈给儿子看自己用过的卫生巾

第15期猫头鹰少年性教育夏令营在厦门举行，第三天下午，我带领学生们一起学习"青春期的变化"。当我告知同学们马上要进行卫生巾使用的实操时，响起此起彼伏"耶"和"啊"的声音，语气却不同。

女生大多喊："耶！"

男生大多说："啊？"

其中，有一位八岁的男生黄心澄起身尽力伸直手臂，踊跃举手要求配合我演示，全程坦然认真。演示完在分组实操的过程中，他又和同组的女生们团结协作，坦然讨论，乐此不疲。

我问："有没有同学知道，我为什么会让男孩和女孩一起学习卫生巾的使用呢？"

心澄举手抢答："满足了我们男同学的好奇心！"

"是的，这是第一个原因，很多男同学都看到过卫生巾的广告，也在生活中见过用过或者没用过的卫生巾，肯定有充满好奇的时候，但是有可能是问了爸爸妈妈，却没有得到他们坦然和科学的解答。很少有人会认真地告诉男同学什么是卫生巾和如何使用卫生巾，所以这个活动可以满足男同学们的好奇心。"

心澄做出两个剪刀手的手势，发出"耶"的声音后继续举手说："其实我见过卫生巾，我妈妈用过的、带着经血的那种，但是我自己没有用过，今天总算用到了。"

课程结束后的家长会上，当我对心澄的妈妈与孩子科学坦然谈性的价值观予以肯定的时候，她跟大家分享儿子和卫生巾的小故事："我以前和儿子讲过月经，有一次，我儿子提出要看我用过的卫生巾，我犹豫后同意了。我事先跟儿子描述了带着月经的卫生巾的样子，让孩子知道并不好看，有可能看完会觉得不舒服，问孩子仍然还想看吗？儿子确定地回答要看，我便给儿子看了用过的卫生巾。儿子看了一眼，满足了好奇心，这件事情就过去了。但是如我儿子所说的，以前虽然看过，却一直没有机会亲手去触碰，今天可以亲手操作卫生巾的使用，我看他非常开心。我今天最深的体会是，**性教育要做的就是科学地去满足孩子的好奇心，孩子便不会对与性有关的知识大惊小怪了。**"

妈妈满足了心澄对月经的好奇心，夏令营的卫生巾使用实操又满足了心澄对卫生巾的好奇心，在这个过程中，心澄可以如此坦然地对待月经等话题。作为男孩子，心澄比其他男孩子更坦然地学习使用卫生巾，得益于妈妈在孩子面前坦然对待性、以平常心对待月经和卫生巾的态度。这位男孩的坦然，成了同学们的榜样，他必将对性更坦然，也更自信。

执笔：王晓斌

✳ 小男生如何收获大批粉丝？

再热闹的年，再长的寒假，也随着开学的铃声结束了。收拾假期作业，收拾新学期书本，当然最重要的是收拾心情。不过，这个假期还是有些不一样的，在猫头鹰性教育少年营上，儿子当了我的小助教，收获了一大群妈妈团的粉丝。

我学习性教育以后，儿子就成了我的第一个学生、性教育传播者和忠实的粉丝。儿子还一直有个愿望，能够真正地在我的课堂上做我的助教，当个小老师。我答应了他，说有机会会满足他的，儿子一直很惦记，问了我几次，我都没有回应，再加上我一贯的嫌啰唉不耐烦的脾气，儿子就有点灰心了。其实，我一直记着儿子的愿望，也十分愿意给他一个锻炼的机会。

2019年寒假，我成为一名猫头鹰性教育少年营主讲讲师，我知道，儿子的机会来了。

我给儿子买了粉色卫衣，就是为了让儿子以一个打破刻板印象的样子出现。用上海自然博物馆和迪士尼的诱惑，"骗"他跟我一起去上海。

少年性教育冬令营共三天，在上海，我主要负责第三天的讲课和带领活动，前两天，儿子自由活动。他先去了上海自然博物馆，第二天又去了迪士尼，烟火表演结束已经快晚上九点了，他给我打电话，说往回走了。这时，我告诉他，第二天，他要担任我的助教。电话里，我听得出儿子的兴奋和紧张。

大约两小时之后，儿子坐地铁回到酒店，已经是晚上11点了。我就跟他开始了"备课"。

在我之前自己办的性教育课程上，儿子已经做过一次演习了，当时我还在旁边提醒着。这一次，我只给儿子撕了半张纸，写了个提纲。儿子问了几个问题，就上一边念叨叨地准备词儿去了。

第二天一早，我起来去会议室大厅，做课前准备，儿子还没有起床。午休的时候，儿子已经在门外等了。他拉上我，一定要去便利店买一包卫生巾，练习一遍。我买了卫生巾和石榴汁，跟他躲在会议室后边的设备间里，他一步一步地演示，哈哈，蛮不错的，我看没问题。

下午的课程如常开始，按照事先的约定，当我说有一个"神秘嘉宾"的时候，儿子从后排站起来，走到我身边，面向孩子、家长和我的讲师同事们。

"大家好，我今年初二了，来自长春……"

一次性内裤、一片卫生巾已经放在桌子上，儿子拿起卫生巾，我给他摆好内裤，儿子撕下卫生巾背后和护翼上的贴纸，给大家展示卫生巾的使用方法，还提醒孩子们小心不要用手触碰卫生巾的正面，因为卫生巾是消过毒的，不要被手污染了。

一片卫生巾，半杯红色的水（石榴汁，哈哈，好多孩子想喝），儿子拿起滴管，1毫升、2毫升、3毫升地在卫生巾表面滴上水，给孩子们看卫生巾的吸水能力；还拿一张餐巾纸盖在卫生巾上，告诉孩子们如果餐巾纸湿了，就说明这样状态的卫生巾该更换了。

一根卫生棉条，半杯石榴汁，儿子演示了卫生棉条的使用方法之后，轻轻地将卫生棉条放在石榴汁里，给大家看棉条的吸水能力。

演示完之后，儿子站直身子，面向大家，说了这样一番话："我是个男生，为什么要学习如何使用卫生巾呢？因为我学会了，才能够在需要的时候帮助我的妈妈，帮助我的女性同学。将来我会有自己的女朋友，会有自己的妻子，也许还会有自己的女儿，我才能知道她们何时需要帮助，如何帮助她们，如何爱护她们。"

儿子十分紧张，演示的时候手一直抖，说话的时候也时有停顿、重复，但是当他说到"如何爱护她们"的时候，还是赢得了掌声和一大群妈妈团粉丝，我心中也满溢了自豪。

三天的冬令营结束后，我带儿子参加了讲师团的庆功宴，还喝了好多酒。不过晚上回到酒店房间，我和儿子还是总结了这次当助教的收获：

1. 适当的紧张有利于集中精力，过度紧张就不好了，可以通过充分准备和更多的练习机会来消除过度紧张；

2. 认真做好一件事情的成就感，无可替代，并且可以回味很久；

3. 我答应他的事情就一定会做到，希望他也成为这样的人。

执笔：王艺

✳ 我完了！不，你能行！

少年营里，我负责讲如何预防性骚扰的话题。这个主题应该是挺严肃的，但对于6—11岁的孩子来说，"严肃"的课堂氛围，肯定是他们不喜欢的。讲师团队针对这种情况，进行了认真的课程设计，以便让这个"严肃"的话题变得轻松、好玩，从而让孩子们在欢愉的氛围中学到知识，学到应对问题的方法，但也绝不让他们更担心或害怕。我们的理念是增能赋权，就是要让孩子变得有力量。

团队设计的是情景剧表演，一共设计了六个情景，其中一个是：一天你独自在家，父亲的一位朋友来找他，你出于好心，让他进来了，但进来之后，他要对你动手动脚，你会怎么做？

说实话，这个情景很真实，虽然现实中可能不是爸爸的朋友，但有可能是辅导班上门辅导的老师，有可能是送快递的，有可能是修理管道的，还有很多其他的可能。抽到这个话题的同学是两个女孩，一个扮演坏叔叔大灰狼、一个扮演留守家中的孩子小白兔。她们商量之后，认真地演了起来：

小白兔正在家中写作业，突然门铃响了，小白兔问："谁啊？"

大灰狼回答道："是我啊，小白兔，我是你爸爸的好朋友，找你爸爸有点事情。"

小白兔说："我爸爸不在家，您一会儿再来吧。"

大灰狼狡猾一笑，说："让我进去等会儿吧。"小白兔没有任何防备地打开了门。

大灰狼进屋坐在沙发上，一点儿都不客气，自己打开电视，还邀请小白兔看电视。小白兔不好意思拒绝，就坐在大灰狼旁边一起看电视。大灰狼看有机可乘，对小白兔动手动脚，小白兔吓得直摇头。

这时，门铃响了，爸爸回来了……

孩子们设计的应对方式是，爸爸回来了。

情景剧在同学们嘻嘻哈哈的笑声中结束了，但我的内心却有些难过。课堂上，我问小白兔，如果现实生活中真的发生了类似的事情，你要怎么办？

小白兔低声说："那我就完了！"

当我听到"完了"的时候，内心更是五味杂陈。这时候，我看到的是一只弱弱的、没有任何力量甚至有点发蒙的小白兔。我跟小白兔以及在场的所有孩子们说："越是在危险时刻，越是要保持清醒、冷静的头脑，要积极地想办法应对。"

首先，要在源头杜绝危险的事件发生。如果是自己在家中，尽量不让任何人进入，要等爸爸妈妈回来再说。其次，如果真的让大灰狼进来了，要斗智斗勇想办法逃脱，比如，跑出去、跑进自己房间，将门反锁、想办法给爸爸妈妈打电话或报警……总之要想尽一切办法逃离危险的环境。再次，如果实在没办法，要记住，保护生命是最重要的，高于一切。

我对情景剧中扮演小白兔的那个女生说："告诉自己，越是在危险的情境下，自己越要沉着冷静，不要怕，相信自己可以战胜困难！你是可以的，你能行！"

小姑娘做了握拳的手势，说："我是可以的，我能行！"

在漫漫的人生路途中，不仅是小姑娘，可能还有小伙子、老大爷、老大妈……不管是谁，都会遇到各种各样的困难，不仅是性骚扰，可能还有考试失败、受到不公平对待、失恋、好友离你而去、重要亲人离世……选择怎么样的应对方式，每个人可能不同，希望你在想要坚强面对时，充满力量，因为你能行！

执笔：张平

✳ 在这里，他不是"问题学生"

青春营的第一天，男孩子小A像所有开朗、乐观的青春期孩子一样，积极地参与着活动。所以，我没有想到，当天晚上，小A的妈妈会在微信中，和我谈了一个完全不一样的小A。

这位妈妈先给我发了一条微信："谢谢您的课堂！"对她的认可我表示了感谢。她接着跟我说了她孩子的一些情况：不久前，她的丈夫被学校老师约谈，大意是他们的孩子"与众不同"，没有朋友，不愿意和同学交往；上课注意力不集中，经常"神游"，成绩排在全班倒数，老师甚至怀疑小A有"自闭症"，是"问题学生"，学校建议家长给孩子找职业高中就读。父母为此很焦虑。

父母对学校给孩子的评价都有些无法接受，可是又不知道该怎么做才可以帮助到孩子。

也是在这个困惑中，父母替小A报了青春营。他们希望，在不同的课堂上，小A也许会有不同的表现。

这位妈妈的描述让我很意外，因为经过一天课程的接触，我发现这期青春营的孩子都很专注，参与度也很好，小A也不例外。课间，总有几个人喜欢来找我聊天，小A就是其中一个。我发现他是一个很爱思考的孩子，情感细腻，有礼貌，同时也需要表达空间。

我把我的印象告诉了他的妈妈。

小A妈妈也说，虽然只有一天，但她看到小A和其他营员相处得如此好，甚至小A还主动交到了一个好朋友，她很开心。她相信自己的儿子不是什么"自闭症"，儿子也可以和别人交朋友，也能够认真参与课程。

这位妈妈对我说："我想，这全是您的功劳。您是一个会让孩子说真话的老师！允许孩子在一个环境里敞开心胸，谈或听，输入输出间是人与人之间的交流，生命与生命的碰撞。"

我感动于家长如此高的评价，同时也陷入了沉思：难道只有这里是可以让孩子表达内心真实想法的地方吗？

孩子到了青春期，虽然内心越来越独立，但是他们同样需要被看见，被听见，他们需要得到跟成人一样的尊重。也许，正是在没有压抑的情况下，孩子才能够呈现快乐的自我吧。

为什么猫头鹰性教育青春营可以给孩子们自由表达的空间？答案是赋权。我们在给孩子提供全面的知识，提出思考的同时，鼓励孩子发表自己的看法，赋予孩子选择的权利。

那之后的两天，我特别关注了小 A 的表现。我再一次确信，他在我们营区里参与度特别好，没有注意力不集中的情况，对每一个话题的讨论都能说到点子上。我不能不想：有些严苛的教育环境，是如何扼杀了一个孩子的学习热情和创造力呀！

夏令营结束后，小 A 妈妈再次发微信给我："他这几天在课堂上与同学讨论，参与表达，让我看到了与学校老师反映的不一样的状态，旁听对我既是一个满足，也是一个疗愈。"

她在赋权的环境里看到了自己孩子的另一面，内心沉重的负担放下了。

我希望，小 A 在夏令营中开启的状态，可以带回到他的学校中……

执笔：莫海琛

✳ 一个随时会离开座位的男孩

可以想象吗？在不到 20 个孩子的课堂，其中一个男孩在三天的性教育少年营中，总是重复这样的模式：在自己的座位上坐不到十分钟就要离开座位，跑到教室外面，或者跑到教室隔壁的房间。

起初一看见他离开，我就想要拽他回来，因为我们的性教育少年营平均1000块一天的学费，如果不能在这儿好好与老师同学互动，岂不是浪费钱？

有一次，他跑到教室隔壁的房间，我马上跟过去，我问他："你想知道老师下一个活动是什么吗？"

他一脸真诚、好奇地望着我："是什么呢？"

我说："你自己坐回位置好好听就知道了。"等我说完，他的身体已经躺在那条长长的板凳上了。我无奈地回到教室，发现过了一会儿，他自己回到座位上了，但是不到十分钟，又跑出去了……

第二天下午，我们有"情绪选择轮"的环节，需要孩子们自己动手做，就在老师讲解注意事项时，他又跑到隔壁房间，我想这可是孩子们最喜欢的活动，错过太可惜了。我再次试图劝说他回到座位，此时的他躺在板凳上闭目养神，我小心地在他旁边蹲下，告诉他接下来要自己动手做一个礼物，送给自己或者爸爸妈妈，问他是否可以回到座位上坚持一会儿，他面带微笑却不为所动，有点可气，但又觉得可爱，心想是谁给了他这么大的自由空间呢？

等主讲老师讲完注意事项，给孩子们发教具的时候，发现他用很快的速度跑回了自己的座位，等待着自己的教具。等孩子们都做完了"情绪选择轮"，我特意去看了他的"选择轮"，看他有没有理解"选择轮"背后的意义，让我吃惊的是，完全没有问题，他做得很好……虽然他人不在座位上，但是在隔壁房间能听到老师的讲解，他全都听进去了。

三天课程结束后，我找到这三天一直陪着他来上课的妈妈，我说："虽然他上课时喜欢跑来跑去，但是老师讲的重点他都记住了。"

他妈妈说："是啊，他就是喜欢这样跑，之前为了纠正他这个毛病，我不知费了多少劲，但结果是我累他也累，亲子关系更紧张。

现在基本不强迫他了，他就是这个样子……"

我突然意识到，三天来这位妈妈能如此淡定地坐在后面观摩，从不干涉孩子有没有好好坐在座位，也从没有要求老师好好管管他，原来她已经从孩子身上学到了某种教育理念……

这种理念也许就是尊重孩子本来的样子，给他自由成长的空间，这恰恰也是我们赋权型性教育所倡导的，给孩子选择的权利，不把自己认为正确的想法强加给孩子。

想起高晓松母亲张克群在一次接受采访时说："父母没有权利教育孩子。"当时这句话被很多人质疑，但是我想这句话的内涵和赋权型性教育理念有相同之处：有时候教育者并不比受教育者高明；强制孩子遵循某些道理和原则也许会扼杀孩子创造力；尊重孩子，相信他们有能力做出最好的选择。

执笔：郑莉

❋ 帮妈妈制作情绪选择轮的女孩

在猫头鹰性教育冬令营有这样一个女孩感动着我，给我留下了深刻的印象。

她静静地，也不爱笑，总觉得她好像有心事似的，整个三天的性教育营活动她一直在积极参与。我在第二天课程中当助教，这个女孩引起了我的注意，她很认真，和小组队友也非常友好，乐于帮助别人。

课程中，李老师指导同学们把自己疏通愤怒或悲伤情绪的方法写在情绪选择轮的底盘上，这个女孩低着头很认真地写着她的方法：看书、听歌、冷静、跳舞、吃东西、折纸……字体工整清晰，还涂了漂亮的色彩，整个制作过程细致娴熟，很快就做好自己的情绪选择轮。

她也很有团队精神，帮助组员传递和整理文具，尽职尽责完成着卫生委员的工作。

最后，我们请每一个同学展示了自己的作品。这个女孩在介绍自己的方法时，听上去很有心得，从容自若，看来她是很有经验了。李老师留课后作业，让同学们自愿教家长做情绪选择轮，我看到她胸有成竹地点了点头。

第三天早上，我很早就开始布置会场，这个女孩第一个来到会场，不爱说话的她主动和我打招呼："老师，你快看看，我给妈妈做的情绪选择轮！"

我惊喜地看着她，她仰着头，把选择轮举得高高的。那是一个用瓦楞纸做成的选择轮，选择轮上涂着各种色彩。这个女孩特意在选择轮上下两层固定两脚钉位置动了脑筋，因为没有两脚钉，她使用了扣子，扣子既没有缝死扣眼，同时扣眼穿线还保证了两层纸片可以自由旋转。在选择轮表面清晰地写着："当妈妈愤怒的时候，冷静……"

我正看得入神时，陪这个女孩子来上课的姐姐在一旁自豪地说："我们的妈妈经常生气，昨天回家后，我妹妹就帮助妈妈一起讨论如何找合适的渠道疏通情绪，制作选择轮，我们的妈妈很感动地说：'大人总会对已经过去的不愉快念念不忘，常常用冷战和愤怒来宣泄内心的不满，没想到我的孩子如此细腻，令我这做母亲的汗颜。'"

在性教育营里仔细观察倾听，就会发现，在父母事无巨细地养育着孩子时，孩子也在旁观父母的生活，当发现父母身上的不足，他们就会认真地指出来。在这一场父母子女的缘分中，赋权给孩子，孩子教给我们的，并不比我们教给他们的少。大人眼中的爱很复杂，而孩子眼中的爱很简单，这样的爱让我们不断成长。

执笔：张文瑾

✳ 情绪课后的"实战"

我们每个人都有情绪，遇到不同的事情和情境，都会有不同的情绪体验。在猫头鹰性教育少年营第二天下午的情绪课上，我们会和孩子们一起探讨情绪的定义，情绪是否有好坏之分，引导孩子正确地表达和处理自己的情绪。

在课程中我们先让孩子们想一想有哪些词语是关于情绪的。孩子们很快地写出高兴、忧伤、烦恼、窘迫、愤怒、惊恐、哭笑不得、眉开眼笑……然后根据自己所写的情绪词语，表演出这个情绪的状态，让孩子们在表演的过程中充分地体会每种情绪所蕴藏的心情。

游戏结束后，主讲老师会和孩子们一起探讨，哪些是好的情绪，哪些是坏的情绪。经过激烈的讨论，孩子们一致认为情绪没有好坏之分，不管哪一种情绪都是我们遇到不同事情自然产生的一种内心感受。

那我们又该如何管理和处理自己的情绪呢？比如"愤怒"，孩子们说："可以告诉父母""通过运动发泄""大声地喊出来"；提到"悲伤"，孩子们说："向好朋友倾诉""去吃一顿美食""写进日记里""通过文字宣泄出来"。

孩子们纷纷表达出自己的想法，老师及时地给予肯定和鼓励。当我们和他人意见不一致的时候，又该怎么办呢？孩子们说："我们不要闷在心里或者发脾气，需要和别人积极沟通，大胆地说出自己的感受。"孩子们都在学习如何和他人交流沟通、控制情绪和表达情绪。

到了茶歇时间，秋令营里年龄最小（六岁）的敏安小朋友过来找我。"老师，我想要那个爬墙蜘蛛侠。"他指着高高盘吸在天花板上的蜘蛛侠说。

　　我目测一下将近四米的高度，说："敏安，那个天花板太高了，我们拿不到了。你知道这个蜘蛛侠是谁的吗？我们可以去问问他，在哪里能买到？"

　　敏安说："是牛牛（十岁）的，但是他不肯给我。"哦，我瞬间就明白，看来关于这个蜘蛛侠前面就已经有故事了。

　　敏安拉着我去找牛牛和他的妈妈。敏安看到牛牛就问："你的那个蜘蛛侠为什么给别人，不给我？"

　　牛牛说："因为他们是我的朋友。"

　　敏安说："你不给我，你就是小气。"

　　牛牛回复："我的东西我想给谁，就给谁，因为没有给你，我就小气吗？"

　　牛牛的妈妈和敏安的爸爸都在旁边，默默地关注着事态的发展。牛牛依然保持着冷静，说道："给不给你是我的权利，你想要可以自己买呀。"

　　敏安眼睛里涌上了泪水，看着比他高一个头的牛牛，不示弱地说："我没有那么多钱，我也不知道在哪里买。"

　　牛牛说："你没有钱，你爸爸有钱，可以帮你在网上买呀。"

　　敏安接着回应："可是网上买，还要等好几天，我明天早上就想拿到。"

　　牛牛的妈妈看着事情僵持住了，轻声地说道："我看到敏安很难过，也很喜欢那个蜘蛛侠，现在怎么办呢？"

　　牛牛急忙按着妈妈的肩膀说道："每个人都有自己想要得到的东西，有时候等待也是必需的。他说我小气，我是不会给他的。"

　　敏安听了之后，眼泪流得更加汹涌了。

　　牛牛的妈妈又说："牛牛你说得没有错，可是敏安好想明天早上就拿到这个玩具，你还有其他什么更好的办法吗？"

　　事情已经僵持了二十多分钟，敏安的爸爸说道："牛牛，我提一个建议好不好？你明天早上能先带一个蜘蛛侠给敏安吗，等我在网上买了以后，再还给你，可以吗？"

这个时候，我作为助教老师带领孩子们去楼下做活动了。十多分钟过后，看到敏安跑过来，我赶紧迎上去，把他带到游戏中。游戏结束后，敏安迫不及待地告诉我："老师，牛牛答应明天早上给我一个蜘蛛侠，还让我自己挑选一个喜欢的颜色。"

我说："噢，老师现在看到敏安很开心，能告诉老师后来发生了什么吗？"

敏安说："我跟牛牛说，我一开始因为没有得到蜘蛛侠很生气，才会那样说话的，我不应该说他小气。牛牛听到后，就原谅我了。"

我说："是呀，敏安后来做得很好。以后需要什么，先要和他人商量，合理地提出自己的请求。"

敏安说："是的，老师，我现在很高兴。"

在整个事情的处理过程中，我特别欣赏两位家长的处理方式。牛牛的妈妈一直引导孩子充分表达自己的想法，没有像传统的家长用说教的方式去要求"年龄大的孩子必须要让着年龄小的"。如果不问事情的缘由这样做，会让大孩子觉得委屈，而小的孩子会因此得到不恰当的满足。她充分看到两个孩子的情绪，积极引导孩子想出更好的解决办法处理问题。敏安的爸爸也一直在旁边默默地观察，让儿子表达自己的诉求，用自己的方式去沟通，一直到最后僵局的时候，才提出一个合理的建议，并先询问牛牛的意见，充分地尊重了孩子的想法和感受，所以，这一场小风波就和风细雨般地化解了。

在孩子的成长过程中，对各种关系的处理、如何与他人更好地交流沟通、如何合理地控制和表达情绪，都需要慢慢地学习。这一切，离不开家长积极和正向的引导。在性教育少年营中，我们启发孩子的思考，一起探讨，培养孩子做出对自己和他人负责任的选择的能力，并学会承担其相应的后果。

孩子有一天终将长大，远离我们，这些能力的培养和知识的储备，会让他们在未来的人生道路上更加健康、快乐和从容！

执笔：李伟

✳ 看，这些变化中的孩子

三天的猫头鹰性教育少年营杭州站，我全程亲历了赋权型性教育的核心理念——增能赋权。

在宽松自由的课程里，孩子们都展现了自己非常真实的一面。有些孩子很认真听课，积极参与活动和回答问题；有些孩子想吸引关注，对问题的回答往往"一鸣惊人"；还有些孩子躺着听课，翻跟斗，和同桌打架……针对孩子们"出格"的举动，我们老师和助教没有简单禁止，而是细心寻找他们做得好的方面，进行肯定和鼓励，让他们发现自己其实可以做得更好，便会主动投入课堂，积极参与。

在这样的课堂上，非常放松，所以他们的心灵是敞开的。

小明，八岁，个头不高，是这群孩子里面最难安静的一个，总喜欢赤脚盘腿而坐，他和同组任何一个同学都能扯上"关系"，想让他安静五分钟都很困难。他喜欢举手发言，第一天回答问题时，总是别具一格，举手后却理直气壮地回答"不知道"或者一些与问题毫无关联的内容。于是，我们安排了一位助教老师坐在他的旁边，引导他，肯定他，在他表现好的时候夸他自我管理好，在他回答对问题的时候赞扬他发言积极又准确。结果很奏效，原本坐不住的他竟然也能有比较长的时间专注听课，问题也回答得准确多了。

总喜欢提问的小燕，是一个爱学习和思考的十岁女孩。她的妈妈比较注重性教育，已经提早给她买了一些性教育的书。她上课非常认真，回答问题很积极，课后总是爱问很多问题，这些问题是她之前的书本里没有提到的。而在这里，老师知无不言，她收获了很多。

小美，11岁，是营里年龄最大的女孩，已经开始发育了。她上课非常活跃，回答问题积极，偶尔会别出心裁地"刁难"一下老师；对于招惹她的同学，她的处理方法是武力；老师讲到校园欺凌和情绪处理的方法时，她经常提到"自杀"和"割腕"等自残的词语。针对她存在的问题，主讲老师特别做了讨论和引导，告诉她："生命来之不易，我们要珍爱自己的生命和身体。尊重别人才能更好地尊重自己，暴力只会带来更多的伤害。"

三天的课程，对她有很大的启发和帮助，尤其在最后一天，学习自慰和月经的内容时，老师讲到自主、健康、责任的性爱三原则，她听得非常认真，课下悄悄地问老师："网络上的一些性爱视频都是真实的吗？"

老师推测她是看过黄片了，就很平静地问她："你是指黄片里的内容？"

她很坦率地承认了，并说，自己看后很自责。

老师告诉她："你们正处在青春期，有好奇心是正常的。黄片看了就看了，不用自责。但也不用当真，那都是演出来的，不是真实的生活，不要一味沉迷就好。"

看到老师这样的态度，她很奇怪地问："现在国家不都是在扫黄打黑吗？看黄片不是犯法吗？"

老师说："制作传播色情品才犯法，只是看了不犯法。"小美听了很开心，如释重负。看来，她应该是放下了因为看黄片而产生的心理负担。最后一天，她在卡片上写了这样的话："感觉性教育超级好，如此明目张胆的'黄黄教育'，还非常观念正，真的能让孩子学到关于性侵防御和正确的性态度。还有各种综合知识，能开阔视野。"

她的话，让作为老师的我们很感慨，虽然只是一次课，但是足以影响她的一生：她从此卸下心里的包袱，可以非常坦然而轻松地迎接未来的生活，不会再背负着自责和罪恶感负重前行。有谁能想到，如果没有这样的思想解放和正确价值观的引导，她也许会一直觉得自己是个坏女孩，不纯洁，不值得被爱。这种想法，到了成年以后，会对她的生活和亲密关系的建立，带来多大的负面影响呢？

九岁的小高，前面两天看起来似乎不怎么听课，也很少参与互动，但后来证实，他其实学的东西并不少。他会思考，知道的也多。经过多次鼓励，他最后一天发言积极了很多，有了更大的自信心和表现的欲望。他在卡片上写道："我学到了：生殖器官和其他身体器官的知识，美好事物和美好品质不分性别，情绪不分好坏，各种各样的家庭，青春期发育。"看到他的收获那么多，老师们不禁掉下眼泪，孩子们学习和吸收到有用的知识，这就是我们最想要的收获了。

最后一天，连不善于表达的小明也在卡片上写道："我爱你们！"看看那个爱动的小人儿，再看看这样的话语，心里除了感动还是感动！他在这里一定是找到了更多的肯定和自我价值。在小明的身上，我们更加感受到三天课程虽然辛苦，但是值得！因为不容易，才会显得更有意义！

当双双老师宣布三天夏令营结束的时候，孩子们都很不情愿，不肯离去。有的孩子甚至很期待地问："下一次课什么时候开始？"

不管孩子们最开始来的时候是什么样的，也不管他们回家以后父母的教育理念会不会有所改善，这三天的课，都会留在他们人生的记忆里成为一盏灯，为他们今后的人生之路带来更多的光明和希望。

祝福所有的孩子们，祝福他们未来都能幸福、幸运和快乐！

执笔：刘玉兰

✳ 男生学会用卫生巾后，发生了什么？

第 15 期猫头鹰性教育少年营在厦门举行。第三天下午，当我带领同学们学习卫生巾、卫生棉条和月经杯的使用方法时，有一位男同学大声问道："为什么我们男孩子也要学习卫生巾的使用呢？"

在教学中，启发式的问答会比直接讲述更深入，于是我将这个问题抛给大家一起讨论。

有同学回答："未来有老婆，可以帮老婆贴卫生巾。"

还有同学回答："可以知道月经是什么，以后在厕所看到别人使用过的卫生巾，就不会好奇了。"

这时，我看到有两位同学在轮流转动桌上的笔，专注于游戏，没有听课。我边讲解着课程内容边向他们走去，想用靠近的方式起到提醒的作用，又突然止步了，我顿时意识到这个方法太有规训"你们必须听我讲课"的意味。我想，课堂纪律的管控远不如课程内容的吸引，我决定改用讲故事的方法继续课程内容。大家都爱听故事，故事有助于启发学生思考，让人有情境代入的感觉，也更有助于直接从故事中悟到蕴含的道理，会更吸引学生注意，更能激发学生听课的兴趣。

果然，当我说："接下来我要跟大家讲故事咯！"他们马上停下手中的笔，跟其他同学一样，期待地抬起头听着。

我在脑中快速搜索出以往性教育营里的四个小故事，来解答男生学习使用卫生巾的好处，跟同学们分享。

第一个故事：曾经有一个三年级的男同学在卫生间看到使用过的、带月经的卫生巾，他感到非常好奇便问了爸爸妈妈，爸爸和妈妈都没有正面回答他，只告诉他："等你以后长大就知道了！"

于是，他越发好奇，却始终问不到答案。上了性教育的少年营，跟老师学习了月经，他依然不知道月经和卫生巾有什么关系，直到学习使用卫生巾时，他才在实操的过程中惊喜地发现：他曾经在卫生间里感到好奇的东西就是带着月经的卫生巾。从此，他不再对带着月经的卫生巾感到好奇了。

这时候，当我再问起"男同学学习卫生巾的使用方法有什么好处？"的时候，大家都能一致地回答我"有助于满足男生对月经和卫生巾的好奇心"，包括那两位刚才在转动着笔的同学。

第二个故事：2019 年初，在上海的性教育少年营里，有一位 16 岁的青春期男生到少年营的课堂上为大家演示卫生巾的使用方法。（说到这里，同学们发出"哇"的感叹。）

当有一位少年营的同学问他："你是男的，为什么你也会使用卫生巾？"

他说："因为我现在有妈妈，未来有女朋友，有老婆，可能还会有女儿，我学习如何使用卫生巾，不但可以在他们需要的时候帮助他们，还能让我更懂得如何爱她们。"

所以，男生学习卫生巾的使用方法，可以更懂得爱女性。

第三个故事：曾经有一个六年级的男生，在上性教育夏令营之前，看到别的女生的月经沾到裤子上就取笑同学"裤子脏了"。

在学习卫生巾的使用方法后，他遇到类似的情境时，不再取笑同学了，还会提醒同学："你的裤子沾到月经了，快去找闺蜜帮你吧！"

所以，男生学习使用卫生巾后，不会再说"裤子脏了"，而会坦然地说"沾到月经了"，他学会了以平常心对待月经这一青春期的生理变化。

第四个故事：有一位男同学，在参加性教育少年营前，看到有女生裤子沾到月经后，会写小纸条传得全班都知道，使女同学感到尴尬。在少年营学习了卫生巾的使用方法后，有一次，他看到同桌的裤子沾到月经，便跑去学校的小卖部买了卫生巾，将卫生巾和自己的校服外套一起递给女生，告诉她："你的裤子沾到月经了，你把我的衣服围在你的腰上遮住吧！"

所以，学习卫生巾的使用，会使男生更懂得尊重女性，在女生需要的时候帮助她们。

我讲完四个故事，孩子们和家长一起热烈地鼓掌。

执笔：王晓斌

✳ 在少年性教育营，儿子对"人流"充满了好奇

在少年性教育营中，我们带领同学们科学地认识到精子和卵子结合成受精卵而孕育的胎儿，也引导同学们了解自主、健康和责任的性爱三原则，避免在身体还没有发育成熟的时候发生性关系伤害到身体，也避免在还不能承担责任的时候，因为缺少安全的避孕措施而发生性关系、意外怀孕。

2019 年暑期的性教育营里，有一位男同学在这个教学环节里问道："意外怀孕会怎么样？"

意外怀孕可以有很多选择，有可能选择生下来，也有可能因为还没有共同抚养孩子的能力，而选择人工流产，简称"人流"。人流

主要分为人工药物流产与人工手术流产两种。

看他点点头，不再继续问，表示我的解答完毕了。

第二天，这位同学又来问我：人流到底会痛还是不会痛？

我回答他："老师没有做过人工流产，所以没有办法用自己的切身体会告诉你到底会不会痛。据说，有一种'人流'称为'无痛人流'，是使用短效静脉麻醉下做人流手术，能减轻人流手术带来的痛苦。"

他说："哦！打过麻药啊，那就不会痛了。"

当我还想问他为什么会想问人流痛不痛，我想知道"痛"与"不痛"会使他做出不同的选择吗？可惜上课时间到了，我们的聊天中止了。

那天晚上，我也在思考"无痛人流"到底会不会痛的问题，我疑惑无痛人流是否真的那么轻松。

我们都听过五花八门的人流广告，比如电视广告，以"开始了吗？已经结束了"的台词来说明无痛人流手术很快；还比如"今天做人流，明天就上班""今天做人流，今天就上班""一边做人流，一边就上班"等广告语，宣传了无痛人流多么的轻松。这些广告既迎合了消费者需求，更吸引了大众的眼球，但是可信度真的高吗？我又意识到这些广告的可信度高低不是最重要的，重要的是广告的来源是否具备正规人工流产手术技术资格、卫生条件和手术安全性有保障的正规医疗机构或者正规医院。只要医疗机构正规，做完手术需要休息多久才上班，医生都会根据每个人的情况给予明确、合理和最安全的医嘱。我们要引导同学们的是：未来如果自己或者身边的朋友需要做人工流产，要去正规的、资质可靠的医院。

第二天午间看电影的时候，这位男同学的妈妈过来告诉我，孩子昨天上完课后，在地铁站看到了"无痛人流"的广告，就很好奇地问了"十万个为什么"。她说孩子会毫不顾忌地问她与"人流"有关的话题，她问我孩子这么在意"流产"怎么办？

我说："孩子这么在意，表示孩子好奇；孩子会毫不顾忌地问您，表示他有坦然谈性的价值观和态度，这是好事情，您只需要坦然地解答就可以了。这是很好地给孩子做性教育的机会。您可以同时把人流是什么，性爱中如何自主、健康、责任在这个时候告诉孩子。"

妈妈很兴奋地说："有的有的！我昨天特地翻开与性教育相关的书，详细地跟孩子介绍了人流，我还告诉他人流对女生的危害，为了让他能做个负责任的男孩子，不要随便让女孩子怀孕。"

显然，这位妈妈有了培养儿子"责任"的意识，我对她表达了赞赏。

然而，第二天上课的时候，当我谈论到校园欺凌的形式之一——性欺凌，这位同学在发言中表达了这样的观点："如果被性欺凌了，比如性侵了，不小心怀孕了，没有吃紧急避孕药的话就得去做人工流产，人工流产是很可怕的，整个人就此毁了。"

这段话让我很震惊，我没有马上问他"为什么可怕"，而是先问他："为什么说毁了？"因为我需要先让同学们知道生命是最可贵的，树立被性侵不是错，要去除对被性侵者的污名感的价值观。

然而，他的回答却不在于对被性侵者的污名，而是在于夸大了人工流产的危害。他大概是这么说的：人工流产很可怕，会毁掉一个人的一生。第一，它会损害人的身体，可能以后就不能再生育了；第二，做人工流产手术，医生会让签一份《手术同意书》，这就表示有生命危险；第三，有可能会被学校开除，就没有学可以上了，没有大学要她了；第四，周围的人知道了都会看不起她，取笑她。

他对人工流产的伤害过度的放大和做过人工流产的女性的污名，迫使我立即干预，给予同学们较为中立和科学的解说：

第一，人工流产有可能会给身体带来一定的伤害，但是并不代表就会导致未来无法生育，人工流产后要保持愉快的心情好好休养，使身体尽快恢复。当然，发生性关系要做好避孕措施，如果是反复怀孕和流产，那肯定会对身体造成一定的伤害。第二，签署《手术同意书》是因为任何一种手术都存在一定的风险，所以医院都会让做手术的人及家属签署同意书，并不仅仅针对人工流产；签《手术同意书》也并不代表手术就会死亡，随着现在医学越来越发达，人工流产的安全性还是有保障的。第三，如果有一个学校开除了怀孕和做人工流产的学生，那是学校没有对怀孕和做人工流产的学生平等相待，是学校不对，怀孕或者做过人工流产手术的学生，一样受到法律的保护，有享受义务教育的权利，也有平等的升学的权利。第四，主流文化对学生流产还有一定的污名，这会让怀孕和流产的女生产生一些舆论压力带来的精神压力，但这不是女生一个人要承担的，而是男女双方应该共同承担的，这些舆论的导向也是错误的，我们不可以看不起怀孕或者做过流产手术的同学，我们要对她们关心呵护，更重要的是以平常心对待她们，她们跟其他的同学没有什么不一样。所以，人工流产手术并不可怕，也不会因此就毁掉人的一生。

此刻，我脑海中浮现出了"生育的责任与自由选择权"，这也是《世界性权宣言》中的内容。"生育的责任与自由选择权"提醒了我："我们的性教育中有进行避孕教育的义务，还应该有关于流产的教育，当然，更不能缺少如何做出选择的教育。归根结底，还是对自己和他人负责任的教育。"

而这位妈妈不是已经给儿子进行了责任的教育了吗？孩子为什么呈现这样的观点？问题在于这位妈妈为了培养儿子"不随便让女生怀孕而做人工流产"的责任意识时，使用的方法不对。她用的方法是过度地夸大人流的伤害，甚至表达了很多对做过人流的女性的贬损和污名，而这份夸大当中有失科学性，这当中的污名和贬损缺少了性的正面价值和对女性的尊重意识。她可能真的会使儿子不敢随便使女生怀孕和流产，但是她忽略了培养儿子尊重怀孕和人工流产后的女性。而我们在流产方面的性教育，不仅要关注流产是什么，还要注意对自己和他人负责任的意识，更要注意给同学们树立对"流产"的正确态度和价值观。

我在带领同学们讨论的过程中，传达了一些理念："女性在怀孕后有权利选择人工流产，这只是一种选择，并不影响其价值观。任何人都不能因女性有流产经历，对其产生歧视或人格贬损。人流不是一件可怕的事，但也不是一件轻松和完全无害的事情。在性行为上，女生有要求安全避孕的权利，如果没有怀孕计划，在发生性行为之前，彼此双方要充分沟通，做出对彼此都负责任的避孕的选择和措施。"

而对于培养男性对女性"流产"方面的责任意识，我补充道："怀孕和流产不仅是女性的事情，男性也要具备对流产的责任意识。一方面在于负责任和安全的性行为，避孕除了防止意外怀孕，还能防止传染病的传播；另一方面，如果你未来的女朋友或者伴侣有流产的经历，不论自然流产还是人工流产，无论是药物流产还是手术流产，都要关心和陪伴她，帮助她休养和术后恢复，给予她安全感，好的心情将有助于身体的健康。这些是男女双方对身心健康负责任的表现，更是男生尊重和爱护伴侣的体现。"

上课的时候，我看到坐在后面观摩的男孩妈妈，频频点头。

那天下午的家长会上，有位男同学的爸爸说："今天最受益的是感受到不仅女生需要避孕，男生也需要学习避孕。"那一位男同学的妈妈马上接话："课上提到的女性流产后，要对女性关心和呵护，是让我最感动的。我自己教育孩子，怎么样都不会想到从这个方面去引导。"

那一天，我强烈地感受到"男性参与"的视角，在性教育营里彰显了魅力，它将有利于同学们的人格成长，也有利于未来亲密关系的建立。

执笔：王晓斌

✳ 在性教育营里，我看到一个孩子自慰

少年营还没结束，家长 B 就私聊我说："今年冬天的青春营时间出来了吗？"她说，她想在孩子 12 岁之前把性教育营的课程学完。

当我简单给她介绍完青春营和少年营的不同和主要内容时，她反馈给我："我们家那小子昨天主动跟我谈起关于男性的勃起、自慰，虽然我都能和他谈，但是从家长的角度，我还是觉得他有一个同龄人的团体一起学习、讨论的结果是不一样的。这也是我想让他参加完整的性教育营的原因。"

不同的职业背景，相同的观点，这个营里，恰好还有一个生殖科医生的家长，他也是这么说的："虽然我是生殖科的医生，但是我觉得孩子在同龄人的群体里学习收获会不一样。"

这个就是家长们的智慧，也是我们性教育营的魅力所在。小小营地，其实是孩子所处真实环境的缩小版，因为比你小的比你大的孩子都有。

我好奇地和 B 家长继续聊着："您的孩子以前跟您谈过性困惑吗？"

"以前他没主动跟我谈，是我主动跟他谈。给他看青春期男孩的书，大概知识他都了解。但他跟我说会不好意思。毕竟我这个妈妈的角色在那里。"

少年营结束，家长 B 真诚地给我们反馈，她说，感谢自己

选择了猫头鹰，也被你们团队的专业和认真打动，你们不但给了孩子正确的态度、科学的知识和技能，还把"看见每个孩子"践行在每一个细节里！最重要的是把我们家长和孩子坦然谈性的开关打开了，相信孩子以后遇到与性相关的困惑会记得找他爸妈求助！

慧眼识英雄，得到家长这么及时高度的评价，内心甚喜。感谢方老师当初的坚持和引领，我们有什么理由不精益求精？

上午刚跟 B 家长聊完，下午上课时发现他们家小伙子在课堂上悄悄自慰起来，断断续续的，还环顾四周，那种眼神和担心就像考试时准备作弊的考生。我当时有点豁然开朗（怪不得这孩子昨天主动和妈妈聊勃起和自慰，他真的遇到了困惑），又有些震惊（这真是对我助教老师的现场考验，我不能假装没看见），还有点庆幸，如果他的这个行为发生在学校里被某个谈性色变的老师误解或者被恶作剧的同学发现，后果也许会不堪设想。

在征得 B 家长同意后，休息期间我单独找 B 同学聊了聊。

我问他上课时阴茎是不舒服吗，有一些冲动？孩子本能的反应是否认："我不是自慰，裤子太紧了。"关键点已经不是给他刚才在课堂的行为下定义，而是提醒他如果是在学校被其他同学发现了会很尴尬，**自慰行为本身很正常，但这是很隐私的事情，可以在卫生间或者自己的房间做。如果是上课产生冲动，可以先转移注意力，或者去卫生间都是解决办法……青春期前后我们的阴茎有时会不按我们的意愿就勃起，最关键的是知道如何处理这些问题。**

我曾担心找他聊上课的自慰行为，他会不好意思。事实证明，只要成年人对孩子足够理解、尊重，给他信任和安全感，就能够和孩子进行很好的沟通。这以后的休息期间，他反而主动和我聊天，他问："你们这样的课程会不会在学校里开展？"

孩子的这句问话里信息量很大，我想是因为他知道他的同学们也需要。

性教育营最后一天，我嘱咐他家长，回家后找个合适的时机可以再和小伙子探讨下这个问题。

在接下来的青春营里面，我想这个小家伙会对自慰有更多的了解，会懂得隐私、安全、卫生。

执笔：黄晓霞

✳ "跨性别"的男生同意不做手术了

这一年夏天的青春营，早早就满员了。但邻近开营前的几天，一位妈妈却坚决要求报名。招生人员说明了情况，请她冬令营再来。但她坚持不干，反复央求，说自己的孩子面临着人生中非常重要的关口，央求我们一定要让他来学习。

实在拒绝不了，这一期青春营便超员了。

小树在第一天的早晨便引起了我的注意，当小组成员列举不同的"性"的时候，他和组员分享跨性别、性别多元，等等。看得出，他的知识很丰富。

但是，当天晚上，小树的妈妈便约我咨询，谈了小树的情况。

小树今年 15 岁，刚结束中考，考上了一所音乐学院的附中。他喜欢音乐，这是他的梦想。

但是，小树和父母的苦恼都是：小树要做变性手术！小树威胁说，如果不让他变性，他就会自杀。

小树的妈妈说，小树小学时喜欢过女生，但那个女生嫌他丑，拒绝了他，却喜欢上别的男生。妈妈说，她怀疑小树是因为这件事情受了刺激，想变性的。

她说，小树从小就玩刀玩枪的，没有被当作女生抚养的经历。

我便和小树谈了。

小树说，如果假设有三个月生命，他第一件事是做手术变性，第二件事是作曲，第三件事是写下自己的一生。

我让他回忆何时有变性的念头时，他回忆的第一件事是：小学四年级时检查身体，男医生对男生很粗鲁，女生受到更多关注，他觉得这不公正，做女生更好。

小树说，自己从三年前开始反思性别认同，觉得阴茎很诡异，有些占地方。近一年，开始反感男厕所。同时，他开始偷偷地服用激素类药物，想使自己停止发育，害怕发育得太像男生。

我问他想成为一个什么样的女人，他说自己很模糊，没有明确的想法。

谈到性倾向，他说自己既无喜欢的男性，也没有喜欢的女性。

我问他："你反感阴茎吗？"

小树说："不反感，就是觉得它是多余的。"

我问他："看过 A 片没有？"

他承认看过。我问他看 A 片的时候，是看到里面的男人兴奋，还是女人兴奋。他坦言："看到女人兴奋，看男人时关注男人的表现。"

我心里便有一些底了。

我自己在 20 多岁的时候，便出版过一本社会纪实作品《中国变性人现象》。那之后的 20 多年，也一直与跨性别者有接触。所以，我还是比较熟悉变性欲者的心理状况的。所以，我感觉，小树并不是非常典型的变性欲者，比如，他看 A 片时的性欲对象是女性，他对自己的阴茎并不是厌恶的感觉。

我的朋友圈，有一位男变女的朋友，她曾对我讲，有个别做过变性手术的人，并不是真的变性欲者，而是受了某些误导，或者对自己的认识不清，贸然做了变性手术。变性之后，可再也变不回来了。

重点是，小树还只有 15 岁，这仍然是一个探索身体、探索自我的时期。

我和小树分享了我的看法，我告诉他，按着中国现在关于变性手术的规定，他的年龄还不能做变性手术。而且，他属于探索期，不需要这么急于做决定。他应该给自己更多的时间来了解、确定自己。

小树说，他无法容忍自己在青春期的身体变化，担心自己太像一个男人了。所以，他在用药物控制自己的变化。

我说："你现在的身体还没有发育成熟，你现在这样做，只会变成一个未发育的'儿童'，而不是一个真正的女性。"

看得出他有些心动了。

我让他在夏令营中继续探求自我。

第二天中午，利用电影《舞动人生》，我特别讨论了跨性别，讨论了性别的多元呈现，讨论了青春期的各种各样的"探索期"。

我看到，小树这三天过得很开心。我也能感觉到，许多环节触动了他思考自己的生命选择。

夏令营最后一天结束时，我安排了那位跨性别的朋友与小树见面。那位朋友先向我了解了小树的情况，非常认真地又找了两位做过变性手术后悔的朋友，一起见面。

几天后，小树妈妈告诉我："小树同意先不做变性手术了，18 岁之后再决定。"

执笔：方刚

✳ "胖女生" 失恋不伤心

某次夏令营，第一天早晨的自我介绍时，一位胖胖的女生，介绍的时候拿自己的身材开玩笑："我最好记了，我体积大，你们一定不会记错我。"

大家都笑了。我心想："这位女生的心理真健康！真阳光！"

这位女生自我介绍自己 20 年后的人生理想是成为一名女高音歌唱家。在评点她的这个理想的时候，我说了一句：当女高音歌唱家，确实需要体态比较魁梧才行。

我知道这样的一句点评有一些风险，我通常是绝不会议论到学生的身材和外貌的。但这次我之所以这样做，是因为这位女生先在自我介绍时拿自己的身材解嘲，所以我知道她很阳光，不在意身材，不会因为我的评点而不开心。

到上午最后讨论"人人都可能成为被歧视的对象"的时候，这位女生又再次举自己的例子：我就会成为被歧视的对象，因为我胖。

我内心为这位女生再次叫好。我想，她能够说出这些，就说明她已经非常自信，可以忽视自己的"胖"了。

我没有想到的是，在第三天讨论爱情的时候，这位女生却因为自己的"胖"哭了。

事情是这样的：在分享爱情经历的时候，她主动地分享了自己的一段短暂的爱情。

她有一个青梅竹马的男同学，两人从小学起就是同学，一直到高中。她很喜欢他，于是主动示爱。那男生立即就接受了，并且说，他也一直喜欢她。

但是，两人交往的时候，她感觉他似乎羞于对别人承认她是他的女友。走在街上，他也总保持一段距离。她曾直接问他："是不是因为我太胖，你不好意思承认我是你的女友？"

男孩子否认了。但是，他否认时的神态和语气，让她进一步确认了自己的直觉。

于是，她便很伤心。

她可以接纳自己的外貌，但是，当心爱的人不能接纳的时候，她很痛苦。

他爱她，但仍然受社会主流审美价值观的影响，无法彻底地接受她。这让她感到羞辱，伤害了她的自尊心。

她不想让他这样难受，她也无法接纳一个不能完全欣赏自己的男友。

于是，在她主动示爱三个月后，她又主动提出了分手。男孩子仍然是立即同意了。

在夏令营里，她边哭边说："我看到街上那些漂亮的女孩子，我真的很羡慕……"

她已经泣不成声了。她身边的一个女同学站起来拥抱她，说："在我眼里，你很漂亮！"

我也说，第一天早晨自我介绍的环节，她拿自己的身材调侃，我就知道她是一位非常自信的女孩子。让我们大家一起为她鼓掌！

我带头鼓掌。教室里掌声雷动。

与此同时，我内心的另一部分是挺愤懑的。

一个女孩子，外表不符合主流的审美观，自己能够悦纳自己，但是，外人却不能够接纳她，特别是青梅竹马的恋人也不能够接纳她。这是何等的不公呀。

借着这个机会，我开始讨论外貌与爱情的话题。夏令营第二天，我已经让每个孩子写下"理想中未来伴侣的三个特征"。值得欣慰的是，"美丽""漂亮"的出现频率，从来不是最高的两个。最多的是关于性格与人品的。可见，孩子们多数是非常明智的，他们关心外貌，但知道，作为伴侣的生活，有比外貌更重要的。

我和同学们分享我自己的青春期，怀疑自己不够帅。其实现在想起来，自己当年非常帅。

我那时常用一句话激励自己：腹有诗书气自华。

我还说："一位名人说过，人到30岁的时候要对自己的外貌负责。因为父母生我们是什么样，我们没办法决定。但是，人的成长过程中，气质、修养、谈吐，会影响到你的外表，影响到你整体呈现出的气质。而这些是能改变你的外表的。所以，最迟30岁，你要对自己的外貌负责。"

我还分享了多年前在央视《半边天》节目中看到的一个短片。一个很胖的女孩子，相亲总是失败。后来她网恋了一个男生，不敢见面，怕"见光死"。半年后，两人终于见面了。结果很意外，那个男生欣喜若狂，因为他最喜欢的就是胖女孩，觉得那才够"性感"。

所以，我说，每个人的审美观是不同的，相信每个人的美都可以遇到欣赏它的人。

有时，同学们也会分享自己对外貌与爱情的看法。

我记忆很深的两个分享是有同学说：

※ 我会因为他的外貌而走近他，但会因为他的品质而一票否决他的外貌。

※ 有趣的灵魂万里挑一，好看的皮囊千篇一律。

我希望这些来自同伴的声音，也都可以成为支持那些"不漂亮"的女孩子的力量。

执笔：方刚

❋ 十岁男生的成长

在我讲授的性教育少年营中，最让我难忘的是一个十岁的男孩的成长。

这个男孩子对性的知识充满了好奇，在读《宝宝从哪来的》性教育绘本时，我邀请孩子们一人读一页，他按捺不住，别的小朋友读的时候他也跟着读，特别认真。

我们有一个环节，是给图画中人物的身体涂色，可以触摸的部位涂绿色，不可以触摸的部位涂红色。我提示男生涂男生的正面和背面，女生涂女生的正面和背面。但是，这个十岁的男孩子把女生的正面全都涂了绿色。

我问他："绿色代表可以触碰，你认为女生的这些部位都可以触碰吗？"

他点头。我说："等一下我们看看别的女生是这样想的吗，好不好？"

后面两位女生分享的时候，当然会标出很多不能触摸的部位，甚至一位女生将全身都涂成了红色。这时，我问那个男生愿不愿意再来谈谈他的想法，他摇头，我尊重了他的决定。

这个环节总结完后，我走到他身边，我说："你看，其实女生有一些身体部位是不愿被别人触碰的，如果她们不愿被触碰，我们就要尊重她，你说呢？"

他向我点头。

表演情景剧的时候，他当组长，并扮演了来找爸爸的王叔叔。王叔叔那一段剧情他是这样演的：他挨着小女孩坐下后，用身体蹭小女孩的身体。

小女孩说："你不要挨我那么近，我不舒服。"

他演的王叔叔就急忙道歉说对不起，最后这位王叔叔等爸爸回来后，商量完事情就走了……

看来，他已经懂得了尊重别人的身体权。

我相信，小男孩未来成长的道路上一定会记得今天这一课，也一定能懂得如何尊重身边的女性，懂得她们并不像他最初想的那样身体可以随便触碰，懂得女人的身体是由她们自己做主。

同时在这个男孩身上，我也看到这个年龄段的孩子多么需要性教育，他们对性的知识一方面充满了好奇，一方面身边的资源又十分匮乏。因为我们的家庭、学校很难满足他们这方面的认知需求，或许大部分孩子只能通过网络上的色情图片和视频来获得相关信息。

执笔：郑莉

✳ 女儿给自己打80分

这个酷热的暑假，有家长给孩子报名课外辅导班，提前让孩子学习新学期的语数英，有的家长给孩子报名户外拓展训练营……而有的家长却给孩子报名了猫头鹰性教育少年夏令营。这个家长就是我，现在回想起来，这个夏令营或许不应该说是让我和孩子等太久了，而是来的刚刚好。

这些年发生了许多性侵幼儿以及校园欺凌的事件，或许很多妈妈和我一样，在看到这样的新闻时，都会对性侵者以及校园欺凌者燃起无尽的愤怒和痛恨，同时对自己孩子的成长过程有着巨大的担忧。我一直在想着，有没有什么教育能够让孩子以及父母都能够学习到更多这方面的知识呢？我开始关注方刚老师的性教育课程，在我还没来得及给孩子报名时却发生了一件让我迄今想起仍然会心痛的事情，也正是因为这样的一件事情的发生，我作为一个妈妈才猛地发觉在这一方面，自己能够支持孩子的太少了。

这件事是，去年我的孩子七岁多，小学一年级的学生，距离孩子最爱的"六一"儿童节还有三天，发生了班主任（女老师）对我孩子的伤害事件。整件事情，涉及语言恐吓暴力以及肢体的侮辱行为。我当时第一时间找学校领导，调看监控证实了班主任的行为。我想着要媒体曝光这所学校，曝光这个老师，还想着要报警，让这个老师为她的行为付出代价。而这其中有很多种无奈和妥协，最终我的孩子在心理医院进行了一个疗程的心理干预，而这名班主任受到学校内部的通报批评，于学期结束自行离职（但愿她不要换个学校再继续伤害别的孩子）。整个事件具体的过程我就不在这里复述了，我看到很多家长对这样的事情选择的竟然还是隐忍。

看新闻里别人的孩子在经历事情，能够给自己敲一个警钟。但当这样的事情真实发生在自己身上的时候，却多么希望是一场梦。父母不要觉得孩子还小，性教育这种事情还太早，想想施暴者作案可从来不会觉得我们的孩子还小。

让孩子了解自己并学会保护自己，不当受害者也不能成为施暴者。这是我让孩子报名参加猫头鹰性教育少年夏令营的初衷。

出发之前孩子还是很不情愿，说根本不想去参加这个什么夏令营，觉得是很无聊的课堂。回来之后，第一句话就是对着我大喊："妈妈，我告诉你，男孩子尿尿的地方不叫小鸡鸡，而是阴茎。"如果奶奶在场的话，不知道会是个什么表情。这一分享就是将近一个小时。包括课堂上遇到的老师和同学、课堂上做的游戏、看的电影、读的绘本以及吃到的许许多多美味的零食。孩子感受最深的就是，原来学习也可以用玩的方式来进行啊，这是最棒最酷的夏令营。

对于自己在夏令营中的表现，孩子说，如果可以给自己打分，是 80 分。另外 20 分是因为自己不够积极，很多的话都放在心里，担心说错了会不会也像学校里一样遭到老师的批评。通过仔细观察其他孩子回答问题后老师的反应，她得出了这样的结论："这个课堂是和其他课堂很不一样的，比如，在学校的那些课堂，老师都会要求学生端端正正的，而这个课堂里可以让孩子们随便表达自己心里的想法，随便发挥自己的想象力，不管是好的还是不好的，而学校就一定要规定一个好的想法，如果是坏的想法就要批评。"

老师在整个课程中，总是支持孩子们的想法，最懂孩子的心。即使是在有冲突的时候，也能够感受到老师的理解。孩子说学会了如何去表达自己内心的感受："你这样说我，让我觉得心里很……你可以换一种方式和我说……我希望你能够……"这个是孩子自己总结出来的句式，我觉得这个句式大人都可以通用啊。

孩子对我说："我们每个人都不一样，每个人的身体都很珍贵，我要更加爱护它。"这些话从一个八岁孩子的口中总结说出来，作为妈妈的我真是感到很欣慰，区区三天的性教育夏令营，说的是性教育却又不仅仅局限于性教育。

三天猫头鹰性教育少年夏令营，让我和爱人在与孩子聊起性这方面的话题，从此更加光明正大，无需遮遮掩掩。无禁忌的交流感受家庭内部言论的自由度，看似只是孩子一个人的学习成长，其实不然，家庭的每个成员都会因此深受影响而悄然发生变化。

"猫头鹰"代表智慧，"猫头鹰"性教育折射着爱与智慧。孩子的内心照进一束光，同时打开了一个光源。这个光源将指引并保护孩子，青春营我们还要参加。

执笔：Lily 妈

✳ 女儿心中种下五颗种子

性教育青春营三天的课程结束了。这几年多多少少听过一些性教育的课程，比如，参加过守贞性教育父母培训，参加完过后有一些负罪感，因为最后会有一个仪式感的守贞宣告，让我要求自己的孩子守贞会有一些价值观念分裂。同时基于自己的一些阅读和认知，心里会有隐隐的疑问，孩子小的时候我们灌输的这些观点真的会让她有力量吗？小的时候，我们说会有一些影响，但是当她渐渐走入社会，她如何去面对泛娱乐色情文化？她如何在一个普遍不强调"守贞"的文化环境中活出我们强加给她的性价值观？当我们看着孩子们的背影渐行渐远的时候，我们的影响越来越弱，什么力量能够陪伴他们有幸福的人生？答案一定不仅仅是给予，而是启发，只有授人以渔，而不是授人以鱼。

直到了解到方刚老师的赋权性教育，我才彻底明朗了。赋权性教育重新定义了性教育，最让我眼前一亮的观点是性教育不只是性知识，还是生命价值观的教育、为自己人生负责的教育、有能力思考学会做选择的教育。发现这一点，就像打开一扇窗，我感受到新鲜充满负氧离子的空气，让原本陈腐的空气开始流动，光线也照进来，有了能量，视线也看得更远。

在这三天的课程中，有情景剧的扮演，有辩论，有分组的充分启发提问，有社会性别和女性成长等生命成长课题的电影分享讨论，形式丰富而活跃。虽然我的孩子因为年龄小，不到12岁，很多话题她没有参与感，但我知道她也收获很多。我看到会给孩子价值观的形成带来很多深远的影响，可能她说不出来，也不一定能觉察到，就像一颗种子，将来遇到合适的温度和条件，一定会发芽。

方老师这三天的课程埋下了怎样的一些种子呢？我看到了这样

的一些种子：

第一颗种子是对多元性的包容和接纳。带着偏见的评价，只会带来伤害和战争；只有允许和接纳、包容才是人与人真正平等的开始。当然，允许的前提是方老师提出的"性爱三原则"：自主、健康、责任。在方老师的课程中，我听到了很多关于多元性取向的包容，对多元性活动的接纳，对多元文化现象的尊重。在"性爱三原则"的前提下，自慰是正常的自我愉悦，同性恋不应该被歧视，性幻想、性梦是人的性本能。有问题和可耻的不是性，是人的观念。

第二颗种子是平等的观念。方老师让我们学习到性器官和身体其他器官是平等的，性活动和性取向是平等的，女性的性器官和男性的性器官是平等的。因为平等，我们要去除某些污名化的词语，用更平等的词语谈论。比如，我们谈论月经，会觉得很羞耻，会用一些更隐晦的词替代：例假，大姨妈，来事了；谈论自慰，觉得是淫秽的，叫作手淫。谈论女性，在性的需要上和男性是平等的，女性获取性愉悦的权利和男性是一样的，女性自己也需要主动积极地去探索和享受性，不是被动接受、羞涩的甚至是羞耻的。

第三颗种子是人本的观念。人本，就是以人为本，强调人与人之间的尊重、信任和互相支持，一切从人出发，调动和激发人的积极性和创造性，达到不断自我发展的目的。从课程设计中，有人本的体现，整个课程 90% 都是启发式提问贯穿始终，连讲解的部分，很多都是学生准备分组分享，比任何一个老师讲得还精彩和深入。这是一份相信的智慧，孩子们在几天的课程中被启发，在思考，即使沉默，也隐藏着思想。在课程的内容上，无论是多元化，还是平等，都是基于人本，人性的光辉和广阔为肮脏、羞耻、偏见的性文化正名，照进光明，看清本来的面目。

第四颗种子是"我的人生我选择"。个体心理学先驱阿德勒认为："你的生活模式，完全是你自己选择的结果。与其他人、与以前发生过什么，都无关。"换句鸡汤一点儿的话就是：我的生活，我主宰。作为父母，让孩子学会选择唯一要做的就是带着信任赋权，带着爱放手。赋权，让孩子们学会自己思考，做出选择去解决问题，他们会在一次又一次的成功当中体验自信，我可以，我有能力。他们跌倒了，我们坚定地包容这个错误，支持他再次站起来。犯错不可怕，可怕的是从来没有独自飞翔的能力。

第五颗种子是用价值观来导向行为和选择。方老师在第一天上午专门让孩子们思考 20 年以后你想成为什么样的人。基于这样的愿景，孩子们开始去思考，这对自己带来什么价值，我现在需要具备什么能力，为此我每一次的选择应该如何不偏离我的目标去行动，为自己的未来负责。从始至终，方老师都在发出这样的信号：你想要什么样的人生，你如何理智思考为此负责。

最后，我的家庭还得到一份巨大的礼物：彼此更加敞开心扉和亲密。第二天的课讲到了自慰，我和她展开了一场很有意义的对话。

我问："你知道什么是自慰吗？"

她答："不知道，但是老师讲了科学的方法我就知道了。"

我又问："那你认为爸爸会自慰吗？"

她很平静地回答："应该会吧。"

这一问一答，我们说那些敏感词的时候，平静，自然，就像在说今天你吃的烧烤怎么样一样自然。

执笔：杨孙卯卯妈妈

赋权型性教育，强调教育者给受教育者增能、赋权。教学的内容、方法都是围绕着促进受教育者成长进行的。

增能赋权的过程，体现在许多具体的细节中。在这一部分向您展示的是猫头鹰性教育营的讲师们，是如何给孩子增能赋权的。而这些方法，也值得所有家长和教育者学习。

三、努力赋权的讲师：

如何给孩子增能赋权？

✳ 衡量一切都是"钱"，解决一切都是 "揍"

我要说的，是一个平常的男孩。

他很平常，活动中并没有表现特别好，也没有特别差，正常参与，时有闪光，也有溜号儿的时候，一切都是个平常男孩的样子。能被我写一篇文章的原因是，这个男孩子衡量一切的标准都是"钱"，解决一切问题的方法都是"揍"。

我们讲到性别刻板印象，说起女生也当宇航员，他问"挣多少钱"；说起男生也当护士，还可以当护士长，而且由于男护士稀少，在一些医院里男护士的收入更高，他马上评论"这还不错"；他的梦想是建全世界最贵的大楼，整栋楼都属于他；别人分享自己的家庭的时候，他总是用"挣多少钱"打断。就连下课休息时，我和家长聊天，说起来开车的事，他听到了，都要过来问我："你的车有兰博基尼贵吗？"

我老老实实地回答："没有，我的车很便宜的，我买不起兰博基尼。"

他从鼻子里发出个声音，扭头走掉和小伙伴玩去了。

钱，当然没有什么不好，人人都爱钱，我也想多多赚钱。但是，钱，成为唯一的标准，就需要商量商量了吧。

课堂上，我跟梦想是进交响乐团当乐手的男孩说："交响乐现在不流行了，挣不了大钱。"男孩不满意地扫了我一眼："音乐响起的时候，沉醉其中的快乐，你理解不了。"

我问想当医生的女孩："你是因为医生挣钱多想要当医生的吗？"女孩认真地说："爸爸是医生，妈妈是护士，他们回家总说'今天救了一个人很开心'。"

课间结束，我还找机会问了全班同学一个问题："现在很多人家都有车，都每天开车，开车是为什么呢？"

孩子们七嘴八舌地大喊："方便""接送我上学""快""周末出去玩""奶奶总生病上医院"，等等，喊出好几十个答案，把前述那个男孩的"跑车拉风"湮没在了其中。尽管有点难，可我依然向他解释，不是所有的女生都会在收到名牌包包的时候就忘记一切不愉快，并且希望同学们的分享能让他理解有些人没有太多钱，内心也可以很富足。

如果关于钱的理解，还可以说是个人选择，那么关于"揍"的问题，就不能这么简单了。

在我们讲到性骚扰的问题时，他的态度是"我揍他"。我说："你打不过怎么办呢？"他说："我找人揍他""我不管，反正我要揍他"。我们讲到跨性别的时候，说到男人穿女装，他直接说："欠揍。"我问他："为什么欠揍呢，惹到谁了？"他说："反正我看不顺眼就要揍他。"等到了情绪管理环节，孩子们每个人都制作自己的情绪管理选择轮，当你伤心、愤怒的时候你要怎样做，每个人都要想出来八种可能的纾解情绪的方法。这个男孩也和大家一样，完成了自己的任务，兴冲冲地拿给我看，我愣住了——八个方法，八个打人的方法，拳打脚踢、刀枪棍棒不一而足，惹我生气，就"该揍"。

当然，孩子还小，可能还不会什么有效解决问题的方法，也可能有开玩笑、故意搞怪的成分，但是，解决一切的方法都只有一个"揍"，不仅是单调、没有想象力这么简单吧。第二天分享和讨论家庭环节，我找到了一些原因。

男孩给自己家画了超级豪华的房子，每个人都有自己的超大房间，不过，爸爸妈妈却不是在一个房间，甚至不是在相邻的房间。当我们将解决冲突、情绪管理、爱与支持，都放在家庭当中分析和讨论的时候，男孩说，家里最大、最经常的冲突，就是爸爸几乎每天都有的酒局之后的晚归，醉醺醺的，妈妈就会生气，就会和爸爸吵架，就是一场家庭大战。"战争"中，爸爸经常对妈妈吼："你都是我养活的，吵什么吵！"

这么明显的负面认知表现，我当然不会坐视不理。"'看着不顺眼'是揍人的理由吗？""揍人会解决心情不好的问题吗？""你们喜欢爱打架的同学吗？""打人会有什么结果？"我抓住一切机会见缝插针地将这些问题甩出去。"没人喜欢爱打架的人""打人是违法的""打坏人要赔钱""除了正当防卫都不可以打人"等等，孩子们都说得出来。

这个男孩在我们的讨论中，时而若有所思，时而不以为然，很多时候，他自己也会加入讨论。课程进行中，我不时会远远地望一眼坐在后边的妈妈，不过，看不清楚她的表情。真希望，妈妈回去之后，能和爸爸聊聊孩子的表现，能审视下自己的家庭生活和亲密关系，看到这样的亲密关系带给孩子的影响，也看到自己生活中的困惑。

三天来，我尽力引导他们思考生活中金钱的地位和作用，我无数次强调"任何形式的暴力都是不被允许和支持的"。三天的力量也许微小，但我希望能在孩子和家长心中，留下思考的起点，在他们以后的成长中持续地发挥作用。

执笔：王艺

✳ 你走过的路，有痕迹

7 月，杭州性教育少年夏令营。

8 月，上海性教育少年夏令营。

两次夏令营的组长，两次夏令营的主讲老师，不同的城市，不同的同学，我却有一点相同的认识：很多时候我们无意的一个行为都将在未来某一天给我们帮助。用古人的话来说就是"无心插柳，柳成荫"。接下来，和大家讲两个故事：

第一个故事发生在 7 月的杭州少年营。我们有很多环节需要同学们说出自己的看法，然后写在便利贴上。我参与了很多次的夏令营，每次同学们都会写汉字，唯独这一次，这个女同学 A，她三天写的都是字母。一串看起来好像并没有什么关联的字母。她说，她写的是密码，需要通过翻译才看得出来写的是什么。这种小儿科的密码我一眼就知道了，她采用的是首字母法。就是采用每个字的拼音第一个字母，然后组成一个词，一句话。三天以来，次次如此。

那一刻，我突然意识到，我需要做点什么，因为我看到了这个孩子对密码的兴趣。

我感谢自己之前的好学，刚好在几个月前，我学了一门课，叫《密码学》。当时我也不知道为什么要学这个，就是想着这个我不懂，或许会很有趣，那么去学学看。

夏令营的最后一天，课间休息的时候我走到 A 的身边，对她说："我看到你对密码很感兴趣，我偷偷地告诉你一个密码的方法，叫'移位法'，这是最简单的一种方法。你听说过吗？"A 一直摇头。当我把移位法的原理和 A 说了之后，她开心地叫起来："太好了，太好了！"脸上抑制不住激动的笑容，仿佛开出了花。

课程结束以后，她用自己自创的一套密码给我写了一张卡片，怕我看不懂，猜不出她说的话，又偷偷地告诉我这个密码的钥匙。

回家以后，终于有时间看孩子写给我的话，末尾，她说："I LOVE YOU"。我说自己没有哭，那是骗人的。或许，我们这辈子只有这三天短暂的相处，可是，我亲爱的女孩，你带给我的感受却值得我用一辈子的时间来回忆你这个精灵。

我们永远不知道，自己现在学的有什么用，当它来到我面前，我却来不及去感激。

第二个故事，发生在 8 月的上海少年营。

我们在课堂上，会讲到"血"。这时候，同学慧立马举手："老师，这个字念 xiě 。"我还没来得及开口，其他同学马上接话："这个字读 xuè 。"接着第三个声音响起："这是一个多音字！"

性教育课，成了语文课。

我不得不出来制止，最标准的发音在那里？《新华字典》，对不对？所以这个问题，课间休息的时候我们再来查一查，现在暂时放一放，不去纠结它的发音。

"双双老师，可是现在我们没有《新华字典》。"

"没关系，老师带了。"

我真的随时带一本厚厚的《新华字典》出门？

当然不是，可是那天我真的带了。

时间回到一星期前，我正参加第二届赋权型性教育研讨会，那几天我刚好和另外两位讲师坐一起，刚好在聊天的时候说起了《新华字典》，于是他们推荐我下载一个，又刚好，我是一个听话的老师，一个愿意尝试的人，于是我听从建议，下载了她们推荐的 APP《新华字典》。

世间，哪有那么多"刚好"？

是的，真的刚好有非常多的"刚好"，才顺利帮我解决了难题。我不可能带一本《新华字典》出门，但是我可以下载一个《新华字典》的 APP ！

课间休息的时候，我立马查了《新华字典》，这是一个多音字，分别用在不同的语境。为了给孩子们更直观的感受，我立马花 40 块钱购买了"听说"功能。这个"听说"功能提供了李瑞英朗读的标准发音。

在课堂上，性教育讲师的我化身语文老师，给同学们讲了两个读音的不同用法，并且现场播放了李瑞英版本的读音，所以他们也听到了标准的读音是什么样的。当他们听完以后不再纠结发音，当课程顺利往下推进的时候，那一刻，我觉得这40块钱花的真是超值。

我们永远不知道，自己现在的这个举动有什么用处，当它来到我面前，我却来不及去感激。

我们走过的路，每一步都会留下痕迹，每一步都算数。

执笔：李双双

✳ 年龄小，还不会写字，都不是问题

我自己还不是讲师，观摩其他老师讲的少年营时，结识了营里年龄最小且还不会写字的小女孩，两个人成了好朋友。我在这段亦师亦友的经历中，更深刻地体会到：在性教育少年营里，年龄小，还不会写字，都不是问题，因为我们懂孩子、懂教育，我们会给孩子足够的安全感，足够的力量，陪伴她成长。

思羽小朋友说她认识我，是第一天上课前分组游戏的时候。

她说："我的年龄最小，我才六岁。"

其他小朋友开玩笑说："谁让你才只有六岁的？"

我说："年龄小不是问题，年龄小也可以表现得很棒。"

而我喜欢上她，是在课堂上。我知道了她是这个营里年龄最小的孩子，我看到她代表整组的学员上台介绍，显得有点紧张，有些畏畏缩缩，但是又能感受到她在讲师们的鼓励下，内心激发出一股巨大的能量。她在不停地尝试，让自己勇敢地、大胆地表达，这份力量吸引了我。这个优秀的画面留在了我的脑海里，这位女孩，让

我心生赞赏。

与她亲密接触，是从第二天开始的。第二天的课堂上，她不知道该画什么，我说要陪她想办法。我会搂着她，抱着她认字，在她耳边告诉她纸条上写的是什么字，握着她的手带她写字，我会听她跟我说悄悄话。因此，我们成了好朋友。

实际上，作品都是她自己独立完成的。

她在"缓解压力方式"上选择了用绘画表达自己的想法，很有创造力。

于是，我"获得"了一个小"秘密"：昨天这个让我心生赞赏的小女生因为自己的组没有获胜感到挫败，抹眼泪了。她回房间后放声大哭，对妈妈说："我明天不来参加了！"妈妈告诉她："没拿到奖要承认确实没有别人优秀，奖不是每个组都可以获得的。"小女孩不哭了，在妈妈的鼓励下继续参加第二天的课程，妈妈说女儿有些不情愿。

但她后来的表现越来越好，踊跃发言，思羽的妈妈跟我说："我看到了她在老师的鼓励和给予安全环境的支持下，表现得很勇敢、很从容。"

课上，老师发了故事小纸条，让孩子们轮流起来念。

思羽小朋友有些焦虑地告诉我："我不会，我不会念，怎么办？"

我说："你跟着我学。"她边听着我在她耳边说的字，边复述，特别认真地用手指指着纸条上的字一个接一个地"数"过去。直到我念完了，她说完了，字也刚好到了最后一个字，我们特别默契、特别有成就感地相视笑着。她的心花怒放，对于我而言，顶过一万句"谢谢老师"。我相信这份勇敢和成功的体验，会像一颗种子，埋在她的成长里，陪伴她面对人生中的各种新挑战。

第三天的课程里，有一项活动是画出"我爱我家"。

思羽："我不会画怎么办？我不知道要画什么？"

我："你可以画你的家、家里的人、家里的东西。"

思羽："我不会画人怎么办？"

我："那你可以用别的东西代替人，比如，用小花？用小圆圈？用小动物？你想用什么代替你的家和家人都可以。"

她想了一会儿："你帮我画一个鸟巢吧！"

于是我帮她勾勒一个鸟巢并且告诉她："老师可能画得没有你好哦，但是你可以自己修改，把它变美。"紧接着，我看着她画了两只鸟，一只代表爸爸，一只代表妈妈；画了一颗蛋代表自己，又画了一颗蛋代表姐姐。

她开始涂上各种颜色，她想让我帮忙，我说："我很喜欢帮你，不过你要用什么颜色，画哪里，怎么画，你要告诉我，我才有办法知道。"

她想了下说："这里，粉色。这里，帮我涂蓝色。"

我配合她涂颜色，只是她的小助手，而所有的内容和颜色都是她独立创作完成的。

她的画很有创造力，得到了老师和同学们的赞赏。

第三天，无论是画"我爱我家"还是"青春期的身体变化"，都需要写字。

她依然告诉我："我不会写字，怎么办？"

我说："你可以选择不写字，也可以选择让我帮着你一起写字。"

她说："他们都在写字了，你帮我。"

我答应了："好啊，你想写什么？你来想，你说出来，然后我握着你的手带着你写，这样才是你自己的作品，你愿意吗？"

"好！"

于是，她成了"会写字"的同学，她会很努力地多想出一些字来写。

我们都很享受这个过程。

课程总结的时候，她告诉我她学到了身体器官、保护身体、"我爱我家"等，还得意扬扬地跟我说："我会贴卫生巾，还会用卫生棉条……"从她身上，我更加坚信，让孩子越早上性教育冬、夏令营越好，让孩子早早接受性教育，只有好处，没有坏处。

课程结束后在酒店前台遇到她，她特别热情地跟我招手，知道我未来几天会继续留下来观摩青春营，她说："我也好想留下来，跟你一起哦！"从她的这句话里，我知道她爱上了性教育的冬令营，爱上了性教育讲师们，更相信她爱上了性教育带给她的成就和收获。

执笔：王晓斌

✳ 孩子亲手制作的礼物

夏令营的第二天一进会场，孩子三五成群围在一起玩耍，还有家长也伸直脖子围观着，想必孩子们在分享什么玩具。其中一个八岁的女孩一见到我进来便睁大眼睛，嘴角上扬，伸出手喊我："王老师！"然后摆摆手招呼我过去。

在我向他们走去的时候，站在一旁的她的妈妈和其他小朋友迫不及待地说："王老师，她做了礼物要送给你。"

"哇！"其他同学发出了感叹声。她皱起眉头制止大家"剧透"，试图要自己表达，她走近我，小声说："王老师，这是我昨天晚上做的，要送给你的首饰盒。"

我非常惊喜地说："这么精致呢，谢谢！"

她继续介绍："盒子上的这些纽扣是 S，也就是性的英文首字母。

打开，里面是迪士尼的包装纸做的，很漂亮的，还有一张卡片是我写给你的。"她边介绍边翻开展示，我小声地夸奖她的用心、心灵手巧，表达了我的惊喜和感动。

当这个宝贵的首饰盒摆放在教具台的时候，吸引了我的搭档郑老师，他很欣赏，并进行拍照。小女孩注意到了便过来附在我耳边问我："我只做了一个礼物送给你，郑老师会不会不高兴？"

我内心的第一反应是回答孩子："不会啊。"我想第一时间让孩子知道老师们都是非常大方和大度的，我想第一时间消除孩子的顾虑。但是在我脱口而出前，我意识到了我并不能代替郑老师表达她的感受，我应该鼓励我们的学生有能力去感受、去思考，按自己的顾虑去沟通和协调各种关系的能力。我发现女孩的这一点顾虑非常的宝贵，她有她的观察力，有她的感知力，若在她有担心的时候陪伴她处理担心，那么未来，她会更有勇气面对各种关系。

我眼珠子转了两圈，做了个思考的表情后回答她："我不知道耶，要不你自己问郑老师？"

她连忙摇摇头说："不要！"退缩着坐回自己的位子上，两只眼睛远远地"试探着"郑老师。

我蹲下趴在她的桌子上，说："我觉得你会想到这么问我，表示你是有能力处理好的。"

她听完我的话，开朗地笑了两声，自信地跑向了正在给礼物拍照的郑老师边上，问郑老师："你会不会很伤心啊？"

郑老师温柔地问她："你怕我伤心是吗？"问话中透露着欣慰和感动。

小女孩说："嗯！不过我今天晚上可以再做一个送给你！"

郑老师对她的心意表示感谢，感动和喜悦流露在脸上。

这是一个很懂得察言观色、感知力很强的孩子，她会留意他人的神情，照顾他人的感受，有能力勇敢地表达，也有能力处理各种关系。当我们看到孩子的潜能时推她一把，就可以成为她成长的助推器。

执笔：王晓斌

✳ 他成了全营的可爱天使

每次观摩猫头鹰性教育营，我都会学到很多知识，感觉自己接受了孩子们的教育。

在很巧合的情况下，我看见张琴琴讲师在前一天备课到很晚，顾不上好好吃饭和休息，只是为了在课堂上更加专业，对同学们负责。只从这一点就能看出，方刚老师和他所带领的赋权型性教育讲师们的专业与负责。我在猫头鹰性教育少年营的后两天做助教工作，这样让我有了切身的体验。

站在教学现场，才能亲身感受到这份责任和压力。因为当时还没有办 3—6 岁的幼儿营，所以一位五岁的小朋友报名参加了这期少年营。这届夏令营学生们是 5—12 岁的孩子。显而易见，这样对主讲老师的控场能力有很大的要求。

这位五岁年纪最小的小朋友受到了所有老师的关注。由于年龄太小，对一些讲课内容不能完全理解，虽然各个教学活动他基本上都能加入，但他有时不能遵守规则，他在以他的方式来参与活动。只是这样的话，苦了我们讲师，需要随时关注这位小同学的一举一动，一旦发现这位小同学打扰到别的同学，或者情绪不佳，就要进行干预。主讲老师莫海琛跟张琴琴很多时候还要把他抱在身上，有时还需要助教老师的帮助。

随着跟这位小同学相处时间的增长，我们经历了刚开始的不安到后来的安心。他是那么的善良、聪明。每次有活动任务，他总是那么积极，他也很想帮助别的同学。虽然年龄不大，可是他却用他力所能及的力量帮助别人。比如，别的同学发言时他主动帮同学扶话筒，给各个小组分发彩笔，等等。老师都会及时表扬他。

少年营很多环节都涉及爱、关心他人、互相帮助、做好朋友，等等。那时，老师会讲：遇到小朋友有困难，我们要主动帮助他，等等。这个五岁的孩子便成了孩子们实践互助的机会。

可能正是在老师们的带领下，跟他同组的同学对他都非常包容与接纳。跟他同组的一位 12 岁的男同学主动照看起了他，跟他坐同一把椅子，跟他一起做活动。基本跟他同组的同学多多少少都会照顾他，还有一位不比他大多少的女同学，把梳好的头发放下，让他帮着梳。

看到他笨拙的样子，我提醒那位女同学："如果感到痛或不舒服一定要说出来。"

她说："没事，他只是想帮我扎头发。"

最后一天，这位年龄最小的同学要求上另外一组，讲师跟另外一组商量，经过另外一组的同意，让这位小同学加入了那一组。于是，这组的同学也开始主动照顾他。

我忽然很是感动，通过这样一位小同学就让这些同学有了这样的变化，这是我在别的地方，不管是学校课程里，还是别的课程班、夏令营……没有见过的。同学们没有因为他的年龄小、不能很好地遵守规则，就歧视他，排挤他，而是帮助他，包容他，接纳他，爱是可以传递的。这就是我们赋权型性教育的目的之一，是人格成长的教育，是学会对自己和他人负责的教育，是包容、接纳的教育。

执笔：程功

✳ 不小心漏点了，需要羞耻吗？

L 讲师在夏令营中主动承担了摄影师的工作。一天，在拍摄时，一位女孩善意地提示 L："老师，您可以把衣领往后拉一拉。"L 笑着说："没关系。"

L 知道为什么。因为她刚才蹲下拍照的时候，衣领有些下垂，同学提醒她也是出于好心。

过了一会儿，L 挨着同学坐下，对她说："谢谢"，并补充，"你知道为什么我会回答没关系吗？作为一个妈妈，我曾经在地铁上为我的孩子哺乳，所以并不觉得露出部分乳房或者乳沟是非常难为情的事。"她顿了顿，继续说道："还有呀，我们刚才不是才学了身体各个器官是平等的，既然如此，假如我们不慎露出了本来遮挡着的部位，也不必感到抱歉或者羞耻，对不对？"

女孩子很认真地听完，点点头："老师，您说得对！"

L 又补充道："如果有人因为我们在有需要时，或者不慎露出了身体器官而表示抗议，其实也不必觉得我们做错了什么。比如，我们喂奶的时候，如果有人觉得看到乳房不适可以转过去，那这些人也有权利闭上眼睛不看就是了！"

尽管我们的大环境对女性不太友好，但作为女性，我们应该了解，身体是我们的。我们具有使用身体的部位在任何需要的场所哺育后代的权利。如果我们愿意穿低胸的衣服从事工作，那也是我们的权利。

我希望这个小插曲，可以影响到我们的孩子的性别意识。

执笔：刘殳

✳ 漂亮又活泼的女孩，是个被欺凌者

近几年来，校园欺凌越来越多地走进人们的视野，《悲伤逆流成河》和《少年的你》等电影热映，也吸引了很多人关注这个话题。可是，总有些人会将信将疑：哪有那么多校园欺凌？还有些人不当回事地认为：小孩子打打闹闹很正常，怎么就欺凌了？

我做带营队长的一期少年营中，全班19个孩子，就有两个是亲历过校园欺凌的。你说这比例高不高？

班级里最高的女孩，四年级，苗条、漂亮、外向，并且非常泼辣、厉害，在前一天的各项活动中都表现得很好，尤其是画得一手好画，让我印象深刻。第二天下午，在"校园欺凌"的主题活动中，我们用剧本《小军的一天》讲述一个叫小军的同学一天的经历。我们编写了各种各样的被欺凌的情节，然后请同学们想办法，帮助他。当带领老师在将《小军的一天》讲到一半时，女孩趴在桌上呜呜地哭出了声音，站在旁边的我赶紧走过去。

少年营里每一天的教学内容，我们都会在前一天晚上的家长会告知家长，大多数时候，孩子在这方面发生过一些负面的事件，家长都会提前沟通，我们上课时，也会有所注意。但这一次，并没有听她的家长事先说起什么。

我蹲在女孩的旁边，用手搂着她的肩膀，悄悄地趴在她的耳朵上问："怎么了？"

女孩一边哭一边跟我讲她从幼儿园到现在持续被欺凌的经历。她说在幼儿园就被人欺负，一直忍着，心想等到上小学换了同学就好了，没想到同一个幼儿园的同学跟她进了一所小学，她依然被欺负。她被打过，被骂过，被孤立过，被拉过头发，被扯过裙子，被撕过作业本，被破坏过东西，还被往身上撒过剩饭剩菜。

在她跟我诉说的过程中，带领老师和其他同学已经开始进入帮小军思考如何应对欺凌的环节了。有同学说不理他，有同学说去找老师，有同学说找同学帮忙，还有同学说我和他做朋友、我反驳回去、我瞪回去，等等。但是所有的这些办法，女孩都跟我说："没有用，没有人帮你，老师都不管，你根本就打不过他们，找家长也没用，你走开，他会给你拽回去接着打……"所有的办法在这个女孩这里，都行不通，让我最气愤的是老师也没有起到作用，让我伤心和意料之外的是妈妈也没有起到作用。

午休时间到了，我拉着她来到我的休息区，接着听她讲这几年的经历和她的气愤、恐惧、伤心、痛苦、麻木和绝望的感觉。我给她递纸巾，给她倒水喝，时不时，我会低声跟她说："当时你肯定很伤心""衣服弄脏了你是怎么处理的""你哭了吗""他们真的是太恶劣了""班级有人帮你吗""现在的情况呢"。

女孩渐渐地平静了，擦擦眼泪，喝点水，跟我说："现在好了，我敢于反抗了。"

我赶紧问她发生了什么，她告诉我，现在她的衣服被弄脏了，有人拿纸巾给她擦；她的书桌被翻乱了，有人帮她收拾好。因为有一个新同学转学到了他们班并和她做了朋友，新朋友说她不应该忍让。于是，她开始尝试不再忍让而是反击，她的朋友也一直站在她的身边支持她。

我问她："你呵斥和反击的时候，害怕吗？"

她说："开始的时候是害怕的，后来就不怎么害怕了，我发现，我越不害怕，他们就越胆小。"

我告诉她："你越来越不害怕，就说明你进步了，你的力量提升了，他们自然就显得弱小了。再说，本来就是他们做错事，理不直，气就不壮。"

女孩点点头，说："我明白了。"

这时，我问她："你有没有其实挺害怕，故意装作不害怕的时候？"

女孩说："有啊！有时候我腿都软了，但还是不退让。"

我轻轻一笑："我有几个小窍门，下次再有这种情况，可以让你看起来一点儿都不害怕，你想不想学呀？"女孩瞪大眼睛，使劲点头。

我看看表，时间差不多了，跟女孩说："你去喝点水，去趟卫生间，然后我们去上课，等你下课后悄悄地来找我，我告诉你。"

晚上，一天的课程结束了，不愿意回家的孩子们都在教室里做游戏。女孩悄悄地来找我，我教给她三个小秘诀：挺起胸，直视对方，说话干脆。

我领着她练习："抬起头，挺直胸，收一点儿下巴。对了！就是这样。直视我的眼睛，跟我说话，说话不要带'嗯''啊'这样的口头语，如果语言一下子组织不好，就说短句，比如，'你这样是不对的''我不想理你''你走开'……"

我在我的笔记本上画了个很丑的怪兽，让女孩对着练习。练习了几次后，女孩的声音就坚定了。

我告诉女孩，这些看起来只是表面功夫，却可以强烈地传达出内心强大和坚定的信号。同时，也要好好学习、多交朋友、勤锻炼、多读书，让自己真的越来越有能力，越来越强大。

第二天，女孩早早地来到教室，送了我一个小礼物，是一个美丽的小夹子，我夹在了随身的笔记本上。中午吃饭的时候，她又给我送来一瓶饮料。在三天课程结束的时候，她拿着手机来问我："可以加微信好友吗？"我笑着同意了。

后来，我又多次联系她的妈妈，跟她沟通孩子在学校的事情，得知女孩凭着画画的特长在学校当了宣传委员，学习成绩也提高了。女孩的微信静静地躺在我的通讯录里，一直没有闪过，我知道，这是好事。

执笔：王艺

✳ 我的胸围是 B 罩杯

猫头鹰性教育少年营重庆营的第三天，讲到青春期的变化，我先讲胸部的发育。

一开始男生还不太注意听，我说，男生也要注意乳房的保护，这是血淋淋的事实换来的教训。图片正好切换到一位男性马拉松运动员因为没穿胸罩，外衣的摩擦导致乳头出血如注，孩子们吓了一跳。当了解到有男式胸罩可以保护的时候，他们才松了一口气。

讲到 ABC 罩杯的计算，学生们都很感兴趣。马上有人猜自己是什么罩杯。我也说了，一般男生都是 A 罩杯。

我拿出软尺，展示了胸围自我测量方法。然后，请同学自愿上台为我测量胸围，并且说说测量注意事项。有个开朗的胖乎乎的男孩，马上举手。他上来了，却拿着软尺，犹豫不动。我请他先看清楚软尺的头和尾。

他还是红着脸说："下不了手！"

我问："为什么？"

他说："很容易就碰到隐私部位啊！"

大家笑起来。

我说："你考虑到了测量中要尊重别人的身体权，不碰隐私部位。非常好！如果以后你当了裁缝，给别人量胸围，或者当了医生，给别人体检测量胸围，这是你的工作，总要做啊！"

他便小心翼翼地测了，然后大声说出了测量结果，大家又笑起来。

对小学生来说，真的是没有那么多要避讳的东西！所有同学拿了软尺，高高兴兴地量了起来，议论着自己的胸围是多少，罩杯是多少。

有同学问："老师，是我测量错了还是他体形不对，某同学下胸围比上胸围还大！"我笑着看了看某同学，原来他是啤酒肚的体形。

那个胖男生，过了一会儿，测量了自己的胸围，他大笑着告诉我："老师，我是 B 罩杯呢！"

我说："你是个不一般的人！不管什么罩杯，健康就好！"

执笔：马文燕

✳ 那个中途退出的孩子，想你！

2019 年 7 月的常州性教育少年夏令营，到我写这篇小文时已过去了近两个月，在打字的时候，所有孩子们的面庞清晰地浮现在我的眼前，小樱、小昀、小佳、小宇、小楠、小林、小婷、小希、小钱、小词、小溪、小燃……想念你们！然而，在我心中，最牵挂和放不下的，是因为突发疾病而离开课堂的小明（所有孩子都是化名）。

7 月 19 日，开营第一天，一大早我们两个主讲老师和三名助教老师就来到办营地点，准备好各式教具，调整好设备，恭候孩子和家长们的到来。

九点开营，8 点 20 分左右，陆陆续续就有孩子和家长来签到了，我们一个个仔细观察，将人名和样貌对应起来，以便快速准确地在课堂上叫出每一个孩子的名字。有一个男孩让我印象深刻，他有一双大大的眼睛，睫毛特别长，还特别有礼貌，他叫小明。小明签到的时候，我站在旁边看到他的脸颊上有三条红印，有点像猫抓的。当时我找了个机会问了下他的妈妈，她说是不小心碰的。

在第一天上午的各个环节，小明都非常认真地参与，经常举手发言，声音清脆洪亮，但不知为什么，没有见到他特别开心地笑，反而有时候，能在不经意间捕捉到他有一丝忧郁的神情。

午餐后是观影，看完电影后我们开始下午的环节。课程刚一开始，我就看到小明的呼吸有一些急促，小手在右胸口上摸。我马上停下来问他哪里不舒服，小明喘着气说胸口闷，我马上让在后面观摩的小明妈妈和主办方工作人员一同带他去医院就诊。当时，他妈妈还想让他再坚持参加课程，说是他中午吃饭时吐了两次，是因为上午他爸爸给他用了什么偏方。"和孩子的健康、安全比起来，什么学习都不重要！"我坚持让他妈妈带他去了医院，之后，在课间一直联系陪着去的工作人员了解他的情况。

后来得知，到医院后，小明依旧头晕、胸闷、恶心，还伴有呕吐。家长终于决定让他暂时退出这次夏令营。

再之后，了解他家情况的人告诉我，小明早上起床早了，好像吵到了爸爸，被他爸爸打了耳光，所以脸上才带着红印子……听到这个消息，我的心仿佛像扭紧的干毛巾，很痛，却流不下一滴眼泪（写作的此刻流下泪水），从小明在课堂上的表现和妈妈的反应来看，他应该不是第一次被打。他习惯了，只是这一次，被打得太重了……

犹豫了几天，我还是加了小明妈妈的微信，告诉她："小明爸爸对他的做法，是家庭暴力，触犯了《中华人民共和国反家庭暴力法》，我们是有权利和义务报警的。这种行为，不但深深地伤害了亲子关系，而且可能影响到孩子未来的一生。所以，请告诉小明爸爸：不要再施暴了。"

这位妈妈对我表示了感谢。我希望可以帮助到小明。

在此呼吁，请停止针对儿童、妇女的暴力！请停止一切暴力！

中国家庭暴力情况非常严重，据报道，有1/3的家庭成员曾经遭遇过不同形式的家暴。为此，方刚老师在2013年发起了中国白丝带志愿者网络项目，专门开展针对家暴当事人的咨询辅导，针对青少年的性别平等教育，以及针对大众的反家暴宣传倡导。祈愿更多的有志之士加入到白丝带志愿者行列中来！

让小明这样的遭遇少一些，更少一些！

执笔：赵丹

✳ 那个在性教育少年营"打人"的男孩

你养过喵星人或汪星人吗？你观察过喵星人或汪星人的小宝宝之间或两代之间嬉戏吗？它们之间经常用爪子抓或啃咬、追尾巴等方式玩耍，而我经常会沉迷于观看喵星人之间的"群殴"过程，它们有趣又卖萌的样子常常会让我忘记了时间……

我作为赋权型性教育讲师参与了第十期猫头鹰性教育营太原少年营的助教工作，其中一起男孩子间的"打架"事件给我留下了深刻印象。

这期太原营一共 14 个孩子参加，选址在酒店的地下一层，教室六七十平方米，打开教室门就是酒店的自助餐厅以及贯通着的等候厅，呈"L"形，面积约 100 平方米。整个场地很大，少年营的孩子年龄在 6—11 岁，课间茶歇时孩子们玩得非常嗨：喊叫，打闹，会场外你追我赶地跑动。

上课第三天，我注意到了三个小男孩，姑且以 A 宝、B 宝、C 宝来指称吧。其中，A 宝属于偏瘦体形，B 宝属于偏胖形，C 宝属于婴儿肥形，他们基本同龄，约八九岁，身高也相仿，差不多有 1.2 米。经过两天的磨合，他们仨已经混熟了，所以一到茶歇时间，三个宝贝就会"嗨"起来。我发现A宝会追着C宝打闹，A宝比C宝动作敏捷，而B宝则会护着C宝。看到A宝高高地抬起脚去踢C宝，我提醒他要小心点别踢伤人。但是他们相互打闹基本上是点到即止，就像喵星人或是汪星人嬉戏一般，所以慢慢地我不再担心了。

又一次课间茶歇，照例室外"锣鼓喧天"，忽然传来了一个男孩的哭声，原来是C宝被A宝踢到裆部了，他倒在地上哭喊着，一手捂着裆部一手指着A宝。有几位授课老师和家长围着C宝询问，我来到A宝面前，蹲下来，看得出他紧张得快要哭了，我用尽量平静的声音说："老师提醒过你不要抬脚太高，会伤到别人，你以后要注意好吗？"他点了点头。

这时，一个50多岁的男性出现了，他的个子很高，有1.8米以上，向着A宝走过来，看来是A宝的家长。因为周围很嘈杂，我没听清他说了什么或者什么也没说。但A宝突然大声冲他哭着喊着："你别管！你别管！"一边喊一边用脚踢，这位男人赶忙退到一边……A宝逐渐平静下来。

C宝的哭声缓下来，正好主讲老师本身就是医务工作者，给C宝检查身体后确认没事，过一会儿他也基本能恢复正常活动了。家长们非常理性和友好，没有因为孩子们意外受伤而有任何抱怨或责难。

我来到那个高个子男性身边聊天，确认他是A宝的爸爸，了解到A宝刚转学到一个私立学校，而一年前A宝在原来的学校是一个被欺凌者，胆子特别小，不爱说话。现在他却是"孩子王"，A宝反过来"欺负"别的同学，尽管很多同学个子比A宝高。他爸爸不无自豪地介绍：A宝现在就读于一所"贵族学校"，校方要求学生家长必须认可校方的价值观，学校的课程设置简言之是以"野蛮其体魄"为宗旨，有很多户外课程，A 宝在课外学习"跆拳道"。

尽管夏令营结束一个多月了，我眼前却经常浮现出 A 宝的身影。能看得出来，他的爸爸是很爱他的，是夏令营里陪孩子们上课的唯一男性家长，但是，A 宝和他爸爸的交流方式却有些"特别"：当 A 宝处在紧张不安的情境时，他拒绝爸爸靠近他，而且是用非常激烈的方式。这种反常以及 A 宝的"攻击性"让我揣测 A 宝家里的亲子关系，以及 A 宝今后的成长。

不久前，观看了最近热映的《哪吒之魔童降世》。哪吒的成长也经历了"被欺凌者"向"欺凌者"的角色转换，被周围的人随意地"贴标签""误解"，好在，哪吒的父母始终信任他，和他一起面对。最终，哪吒说："我命由我不由天，是魔是仙，我说了算！"

不知道怎么回事，夜里竟然梦到，A 宝化身为哪吒。

执笔：赵钧

✳ 独立处理伤口的男孩

在常州少年营的课堂上，小男孩子喻突然举手对赵老师说："老师，我的脚流血了！"

"啊，是吗？是怎么受伤的呢？那赶紧去处理一下！"赵老师关心地询问着，并跟我示意。我和助教李老师马上迎上去，陪孩子到了他放行李箱的办公室。走往办公室的途中，我赶忙转过身看了看坐在观摩席的子喻爸爸，示意他是否也来看一下，爸爸非常放心地摆摆手说："没事！他自己会处理。"我惊叹，这是一位敢于放手的爸爸，想必早早就把孩子培养得独立自主。

我们关心地蹲下来看他的伤口，他却没空让我们"围观"，他把墙边的行李箱往地上推倒，拉开拉链，伸手进去掏出一个透明塑料医药箱。

"哇！你还带着医药箱啊？！"我和助教老师发出了感叹。

他像个小大人一样，说："是啊！我每次出门都会带的！"

我们拿着纸巾想要帮他擦掉血，他说："不用，不用，我自己来！"

我开玩笑地问他："哈哈，你是怕疼吗？怕被我弄疼了，对不对？"我们可以这样随意地跟孩子开玩笑，可能是因为他遇到事情的沉着冷静，已为我们平等交流打下了基础。

"不是！我不怕疼啊！"他边答边旋开一个小瓶子，用小镊子夹出酒精棉球，熟练地擦擦伤口，放在我们拿的纸巾上，又迅速地旋开另一个玻璃瓶，用棉签蘸了蘸，把药水涂在伤口上。

他的伤口很小，是表皮的伤，我关心他是怎么受伤的？他说："没事，是我自己用手抠破了皮流的血。别紧张，只是需要来处理一下，消毒一下。"

助教李老师问他："你怎么这么熟练啊？"

他说："我经常摔倒，自己处理伤口，我爸爸妈妈受伤的时候，我也会帮他们处理伤口！"

李老师开玩笑："你们家人经常受伤吗？"

我夸他："原来你是你们家的小医生啊！"我们和子喻笑成了一团。

每当在性教育营里遇到观摩家长喊助教"帮我问我的孩子冷不冷"的时候，我都会想到那个摆摆手坚信儿子可以搞定一切的爸爸。

当我们给予孩子自己处理问题的能力后，大胆放手，可以避免孩子离开父母什么也不敢做，离开老师什么也不敢想。

执笔：王晓斌

✻ 超能说的男孩，超能说的妈妈

他到哪里都是引人注目的孩子，眼睛总是滴溜溜地转着，透着机灵。性教育营上，每次老师提问，他总是第一个举手，说得头头是道，把大家想到的都说完，说得还特别精彩。如果先叫他发言，其他孩子基本就没什么机会了。他的发言和他十岁的年龄比起来，显得相当成熟。我们就叫他小东吧。

很快我又发现了他的缺点。他发言虽然精彩，但总是说一套做一套。比如，学习了尊重身体权、防范性骚扰这部分内容，他发言说要尊重别人身体，不经过允许不能碰。可是不管是上课还是课间休息，我观察到，他总是随便碰别人。有同学向老师告状，他矢口否认，从不认错。课间他还随意乱动老师的电脑，蹿到储藏室，翻教具，把第二天的茶点也偷吃了。告诉他不要动别人的东西，他答应得好好的，老师一转身他马上就又去动电脑。看来，不管是身体权的规则，还是物权的规则，他都不遵守。

他对妈妈也很不礼貌。外面刮风降温了，课间他要出去玩，妈妈让他加个背心，他不肯穿，还翻着白眼儿说妈妈"烦得很"。他妈妈管孩子太过于细致，我们开营时强调了家长坐后面，不要到前面干涉课堂秩序，可他妈妈就是不听。小东坐着时翘起椅子腿晃来晃去，他妈妈过来制止；小东安静地在听课，他妈妈过来问他喝不喝水。妈妈没有规则意识，难怪孩子也不遵守规则了。

在画画的环节，他妈妈忍不住又跑到前面来，说小东这儿画得不对、那里画得很好。凡是她说好的地方，小东立刻黑着脸，马上打上叉，全涂黑，明显是故意作对。妈妈又气愤又尴尬。我感觉这是一位控制欲极强的妈妈。正是由于事无巨细的控制，孩子不能做自己想做的事，内心积攒了很多愤怒，表现出对妈妈的强烈反抗。

虽然她关心疼爱孩子，焦点总在孩子身上，但她只是处处按自己的想法去安排孩子。她不关注孩子的情绪，也不理解孩子真正的需要，不停地按自己的标准批评或表扬孩子，说很多"因为……所以……"的大道理，标榜自己做得多么正确，怪不得小东也那么能说。

在第一天下午家长会的时候，小东的妈妈提出："既然老师已经讲了性行为，希望老师再强调一下性侵这些事的法律责任，因为我们当地风气比较保守，自己都不好意思给孩子说。"

这有些出乎我的意料，因为刚刚讲了身体权。我们的猫头鹰性教育营，特别强调身体权的界限，为什么她还提出这样的要求呢？我不好直接反驳她，于是回应说："对孩子的引导，要贴近孩子们的认知，第一天刚刚打开谈性的大门，信息量大，孩子们需要思考、消化。今天没有孩子提到这些知识点，后面两天，会慢慢丰富这些要点。"

刚好第二天就有孩子在发言中提到了强奸，和我搭档的另一位讲师，借机就把强奸这个知识点全面展开讲了。但是家长会时，她再次提出昨天同样的问题。我想她可能没认真听课，又不好批评她，只好说，第三天我们还会强调。

在孩子已经逆反的情况下，这位妈妈在教育中仍然只重视"讲到"，不重视"做到"，更不重视孩子内心的"想到"，当然效果很差。为什么她这么执着要求老师讲性侵的法律责任？从小东的实际情况看，确实做不到尊重身体权，也许她是为了防止儿子犯法，想让老师借法律来吓唬孩子吧。然而，不从行为上去约束，不从情感上去沟通，多讲一句法律的规定，他会有多大变化？小东知道的大道理还少吗？

第三天，讲到人际交往的时候，小东再次妙语连珠。他说："男女应该从小一起玩，培养情商，反正长大了要结婚。""但是不能早恋，要到二十五六岁上完研究生才可以，不然会影响学习，还会怀孕。"大家都笑惨了。旁边一个小朋友马上大声揭他的老底："老师，小东撒谎！小东昨天说他有女朋友，就是小丽，我看到他揪小丽的头发，可小丽根本不跟他玩。"大家笑得更厉害了！

讲到家庭责任，有个讨论题："家庭最重要的是什么？"有的说钱，有的说食物，有的说房子、汽车、电脑和网络……哄笑中，他的发言让大人们严肃起来："我经过五年的研究，朴素的家庭父母认真陪伴孩子的比较多。钱多的家庭好多父母忙着挣钱去了，反而陪伴少。""家庭，最重要的是陪伴和爱。"后面旁听的家长们忍不住都鼓起了掌。大家都感受到，他内心对陪伴和爱的渴望。小东妈妈好像也有所触动。我想起了有个教育家说过："所有的不良行为，都是在求关注而已。"

在接下来的家长分享环节，小东妈妈忍不住第一个上台："小东是比预产期提前三周出生的，那天白天我挺着大肚子熬夜设计一个图纸，累着了，半夜阵痛来了，一切都没准备好，他就生下来了，只能用大人的旧衣服包着。没有纸尿裤，他爸爸在医院里趁着别的产妇睡觉就偷了几个先用。"大家都很惊奇地听着，小东却背过头去，做着鬼脸，露出不耐烦的表情，还嘟囔着："又来了，烦死了。"

妈妈在台上继续说："当时就觉得特别亏欠他，好在他身体非常健康。我没坐好月子，落下了腰痛的毛病，他小时候我就没怎么抱过他。在这里治不好，孩子四岁那年，我带着他去北京治病。一路有人接送，只是机场里我一个人带他。他自己背个小双肩包，装着他的玩具，走很长的路。我怕他累，说：'累了就坐下来休息一会儿，妈妈可以抱一下你。'可他不让我抱，说不累，还问我：'妈妈您累吗？您的腰受得了吗？妈妈我帮您拉行李箱吧。'他那时才四岁啊！"说到这里，妈妈已经泣不成声。小东本来梗着脖子生气，嫌妈妈啰唆，这时表情也慢慢变柔和了。

妈妈继续说："平常没机会说太正式的话，今天借这个场合，我要说一声，太感谢这个孩子了，这么懂事，妈妈为你受多少苦都值得！"

孩子的眼圈也红了，妈妈径直朝孩子走去，母子俩拥抱在一起，久久不愿分开。大家鼓起掌来，不少人洒下眼泪。这段故事让我感到，他们虽然有一些隔阂，但心中的爱，一定能融化坚冰。

一晃三天的性教育营到了最后，我让大家站成圆圈，准备进行结营总结。可是，突然小东和旁边的小明生气地打起来了，我只好先处理他们的矛盾。小东先告状："老师，小明先动手的。"小明生气地说："老师，他摸我阴茎，我不让他摸，他还摸，我才打的。你不是讲过每个人都有身体权，不能侵犯隐私嘛。"

小东强调："打人就是不对。"

我问小东："你被打有什么情绪？有什么想法和要求？"

小东说："被打很不爽啊，小明打人是不对的，应该道歉。"

我又问小明："被侵犯有什么情绪？有什么想法和要求？"

小明说："他总这样摸我，烦死了。我感觉他不尊重我。他不摸我，我不会打他的。我可以因为先打人道歉，他乱摸我，他也应该道歉。"

小东说："我是开玩笑啊！"

我说："我们第一天课程，讲了互相尊重身体权，隐私部位不能随便碰。昨天讲校园欺凌的应对，双方都开心才是玩笑，一方不愿意就是欺凌。今天还讲了人际交往有矛盾要平等沟通，你们还记得吗？"

大家都说："记得！"

我接着说："在人际交往中，遇到不舒服的事，你们已经有打的方式保护自己，也可以多学一招，用要求道歉的方式维护自己的尊严。大家都希望受人尊重，那么愿意做有很多办法的人，还是做只会暴力解决的人？每个人都是有选择权的。我相信，有力量有智慧的人，一定愿意学习更多更好的方法解决问题。"说完我就静静看着他们两人。两人就这样僵持着。同学们围着圈，默默观察、思考着。

过了一会儿，小明先说："对不起，我打人不对，请原谅。"

随后，小东也红了脸低下了头，低低的声音说："没关系。我本来想开个玩笑而已，没想到你这么不高兴，对不起。"

小明说："没关系。你开别的玩笑我还是接受的。"

大家鼓起了掌。

接下来的总结中，大家不约而同地强调：性教育营最大的收获，就是学会了尊重、平等、沟通。

三天的性教育营宣告结束！

下课后，一个小朋友专门过来对我说："老师，你真厉害，小东从来不认错的！你能让他认错！"我笑着说："我相信每个人都会变得更好的！"

最后一次家长会，小明妈妈略感歉意地先说："真不好意思，孩子不懂事打架，耽误你讲课了。"

我说："没事，这个打架事件，不也让大家都有收获吗？性教育营讲的观念，如果只停留在口头上，孩子们是白学了。知道怎么用在生活中，才算真正学到了。多亏这两位同学提供了实际运用的案例。"

最后，我对所有家长说："大家都听到小东说'最重要的是陪伴和爱'，陪伴用心不用心，孩子是能感觉到的。我相信大家都爱孩子、关心孩子。我们赋权增能理念，强调不能光讲大道理，要信任孩子向上的力量，要去体会孩子真正的需要，给他尊重，给他选择的权利，给他表达情绪及想法的机会。当孩子感觉到被尊重，体会到不同选择的后果，才能慢慢学会为自己负责。家长总是用命令和控制，或者包办代替太多，短期比较省事，然而孩子学不会尊重别人，学不会为自己负责，后患无穷。我们也要做孩子的榜样，成为更好的自己。"

执笔：马文燕

✳ 不来旁听的妈妈，晒出了孩子三天课程的照片

在成都少年营，已经是午饭时间了，孩子们依然不愿意离开，都还在热情洋溢地画着自己未来的职业形象。

我正在听一个孩子讲解他的画，冷不丁来了两个家长站在我的身后。孩子一见她们就停了下来，羞赧地笑一笑，然后叫了一声"妈"。我才发现，这两个家长，一个是这些天一直陪着这个孩子的姑姑，另一个是个子高挑、看起来年龄偏大、气质很好的黑裙女子。看来，这就是这个孩子谈起过的生他很困难的妈妈。

我跟小男孩妈妈解释："这是孩子未来的职业理想，想做一名数学老师。"

妈妈立马把头撇到一边："他都能当数学老师？！"然后离开了我们。

我一怔，回头再来看孩子，他已经低下了头，看起来有些沮丧。

我马上接过话："天天，你的职业理想好棒！我等着听你的数学课哦！"

孩子抬眼看了看我，眼睛里闪着光，就那么一瞬，又消失了。

我轻轻拍了一下他的肩膀，柔声说："天天，到午饭时间了，先好好地吃顿午餐。今天中午是《头脑特工队》，及时回来和我一起看电影，好吗？"

孩子点点头，又恢复了平日里的活泼劲儿，叫着"吃饭咯吃饭咯"就冲出了教室。我却提不起兴致来。

这个孩子没有告诉过我他叫天天，是在未来职业理想的画上署名"天天"，我说可以写上自己喜欢的名字。

天天是个刚接触就让人很喜欢的七岁男孩，活泼好动，喜欢跟

老师交流；放在课堂中，他可就是个十足的捣蛋鬼，什么问题他都要第一个举手，不能第一个回答或是不能回答，他就会情绪化，发出各种声音、做出各种动作来吸引你的注意力。该别人说的时候，他又会不停地干扰别人，甚至胡乱说。孩子们都挺排斥他，后边旁听的家长也会偶尔过来干涉。我的课正讲得欢呢，他突然就会打断我，着实有些扫兴。我不时需要停下来，看着他，对大家说："发言请按课堂的规则来。当你发过言了，先好好地听别人说；如果有补充可以举手示意我，别人说完了再轮到你。魏老师记性很好的，不会遗漏。如果真遗漏了，你可以提醒魏老师，好吗？"别的孩子基本都能做到，他仍然会一遍又一遍地违规。有的时候不方便重申规则，我就做个"嘘"的手势，或者是轻轻拍拍他的肩膀，他也会收住。

除了会影响课堂以外，天天似乎不太会与别人合作。分组的时候，天天所在的组迟迟选不出队长，原因是其他孩子选另一个，他要选自己。轮到团队建设时，他又做起了甩手掌柜，队名、口号、队徽也迟迟出不来。天天没有想法，也不组织队员们来想，一团散沙。后来在助教的帮助下，他勉强把组上的宣传画做出来。看着另一组的宣传画各种颜色各种装饰，他又着急，非要重新装饰，和组员们达不成一致，他就跑到我跟前来告状，说不要当队长了，大家都不听他的话。课还没上到一半，大家就开始排斥他；他所在的组也愈发散乱，无论是活动的合作还是组员的协调，以及孩子们的各种告状，都会跟他扯上关系。

第一天结束后我给大家布置了一个作业，晚上请家人讲讲你们出生的故事。天天很积极，又第一个举手。他很详细地说起自己的出生故事：因为难产，妈妈是剖宫产生的我，这导致妈妈身体恢复很慢，妈妈肚子上的伤疤很明显，妈妈生我很辛苦，我是由姑姑带大的。说完之后，他习惯性地看了一眼后面的姑姑。我才意识到，其他孩子都是妈妈或是奶奶、外婆带着来的，天天是姑姑带着来上课。姑姑没跟我交流过，每次来了就叮嘱他应该怎么样，说完就坐到角落里，一脸严肃。上课的时候，其他家长也会听一听，很多时候还是会走神，玩玩手机，悄声摆个龙门阵，或者评论哪个孩子表现得真好。天天的姑姑一直挺着腰板盯着天天，似乎随时准备上来教训天天。

天天似乎很怕姑姑，又似乎很依赖姑姑；天天的表达似乎是在告诉我，他很想跟妈妈亲近，又觉得是自己害得妈妈身体不好。那一刻，我有些心疼这个让我第一天就头疼不已的孩子。

课间的时候，孩子们喜欢在我旁边玩。有的是跟我说话，有的是表演节目给我看，天天和几个男孩就在地上爬、打滚，时不时地叫我看看他。助教试图让他们起来，我悄声说："只要留心他们的安全，就让他们随心所欲吧！"下课是天天最开心的时候，这个时候他想动就能动，也没人挤对他，我确实也能给到他更多的关注。

第二天早上，天天带了一根狗尾草给我看，很兴奋地告诉我是在路边找到的最长的一根。在成都市区，这样的野草并不多见。我说："是的。它很长，也很漂亮，我很喜欢。"他就开心地在我旁边围着我不停地说，也不去地上爬了。其实，他说了啥我也没记住，他说得太多太快，时不时还来个孩子打断。可是，他不介意；他的眼睛里一直闪着亮闪闪的光，就像夜间的星星。

第三天上午，讲到家庭冲突时，天天突然冒了一句："家庭冲突不是小孩子的事，千万不要管！我爸和我妈打架，我去劝架，结果他们俩不打了，都来打我了。"我吃了一惊，心里咯噔一下：天天每天面对的是怎样的父母啊！

我尽力去照顾他，也尽力去照顾每个孩子。天天仍然不时会干扰我，干扰大家，有时其他孩子来告状，有时疼爱孙子的奶奶们来投诉。第三天下午结束的时候，天天的妈妈突然来接天天，天天反倒内敛了很多。临走的时候，天天想拉着妈妈，伸出手又不敢拉。我笑着跟天天说："我期待十几年后有一个小名叫天天的数学老师哟！拉着妈妈的手回家吧！也要感谢姑姑三天的陪伴！"姑姑终于没有再严肃，伸出手拉住了天天。妈妈也浅浅一笑，没有多说话，拉住天天另一只手，离开了。我倒有些惆怅，总觉得缺了什么。

大概是课程结束的当天晚上，署名"天天妈妈"的微信加我好友。我通过了，没有说话，她也不说话。

第二天，她在朋友圈里晒了我反馈给社工机构的天天未来职业理想的作品。妈妈说："幸福的孩子们，能生活在这个开明的世界，我想这是他人生中最重要的一堂课。"同时配发了三天来的各种照片。

我希望，这个家庭的改变可以由这一点小小的触动开始。

执笔：魏秀

✳ 你个大肚皮，瞎跑啥呀

2019 年猫头鹰性教育夏令营在全国各地井然有序如火如荼地开花结果，虽然已经观摩过几次夏／冬令营，但鉴于每个主讲老师的授课风格都不一样，每一次都有不同的触动和收获，而助教相对于主讲没有那么操心，所以按照原计划和约定，这个夏天，我去不太远的常州，给王晓斌老师和赵丹老师当助教。

临走的时候，婆婆关心中带点责备地说："肚子这么大了，还跑来跑去的！"

我笑着安抚她："妈，放心，我会照顾好您孙子的。"

这次的常州营地点在充满文艺气息的书苑内，穿过仙境般的小鱼塘进到屋子，立即会感受到一份特别的宁静和悠然。

一见到赵老师，她就"责备"我说："晓霞，累了吧，快坐下休息会儿，你怎么没提前跟我说你怀孕了，这样分配任务时要酌情调整的。"

"没关系，赵老师，虽然我身怀六甲，但是仍然身轻如燕，我是一个灵活的孕妇，你给我安排的工作我可以胜任。"

事实证明，尽管我多么地不想得到关注，每位老师还是对我照顾有加，每天中午都强制安排我回去休息，每个爬上爬下搬凳子之类的活儿都不让我干。赋权型性教育讲师团队是一个温暖的团队，感谢每一位老师对我的关心和照顾。

开营后不到一小时，就有一位七八岁的小学员一直捂着胸口，表情痛苦，称自己喘不过气，脸色确实也不太好看。心脏的问题，可大可小，本着这么多年精神科医生的背景，我首先排除器质性疾病的缘故，强烈建议家长带孩子去最近的人民医院，她母亲倒是很淡定，怀疑中毒了，责怪孩子父亲昨晚给孩子吃了用什么仙人掌自制的"秘方"，说是治疗孩子常流鼻血的。我很震惊。

因为孩子一直没有缓解，最后这个母亲还是带着孩子去了医院，化验了相关血的指标和心电图，并没有什么异常。后来又听熟悉的家长说："爸爸很暴力，孩子今早上就被爸爸打了一巴掌。"

我突然就很心疼这个孩子，被爸爸打了一巴掌，还能准时来参加我们的夏令营。

也许在过去的岁月里，他承受了太多这样的家庭带给他的伤害，他真的太委屈了，但又太无力，即便嘴里不说，身体用另一种方式让他去疼去消化。

这个故事一下子让我想起睡眠门诊上遇到的一个初三的女孩，是妈妈带着来的，这个女孩近期在考试前总是手抖、失眠，甚至晕倒，妈妈担心说："是不是孩子初三压力太大了，可是之前一直好好的，学习也不错。"当我把母亲支出诊室，和孩子单独沟通"生活中有什么其他的事情吗"时，孩子低下头，顺势眼泪流下来了，哭着说："暑假，我爸妈闹离婚。"

每个孩子都本能地希望家庭圆满，父母永远相爱。当一个家庭出现问题父母没有妥当地处理时，这个家庭的孩子就会有意无意地去承担和面对。所以，性教育少年营不仅仅跟孩子谈"我从哪里来"，谈身体权利和自我保护，在第三天会有半天跟孩子们讲家庭、家庭关系、矛盾、家庭形式，等等。我们会告诉孩子父母当初一定是非常相爱才结婚，才会生下你。现在也许因为各种各样的问题，他们不合适在一起了，但无论什么问题都不是你的问题，无论他们吵架、冷战甚至分开，都不是你的错，他们依然爱你。

当一些孩子自我还没有发展好，内心能量还不足够的时候，加上对结婚离婚家庭关系的变化没有太多具体的认知时，会对未知产生一种恐惧。这个时候遇到父母的问题，容易归结为"是不是我的错""是不是我不够好，所以他们要离婚""他们离婚了是不是我没有人要了"。关注并处理好孩子的这些问题，都是父母需要不断去学习的课题，包括如果出轨了被孩子发现了，你该怎么去跟孩子交流。

这次的常州之行，让我印象深刻的还有小名片事情。我刚入住连锁酒店就看到门缝里塞进来的三张小名片，晚上吃完晚饭回来又多了三张，我开玩笑地跟另一位男老师说："老兄，别浪费小名片了，我们是专业的性教育工作者！"

如果有一天，你和孩子出去玩，孩子看到了类似的小名片问你："这些名片是做什么的？"你会怎么回答？

他会不会来问你？

他会不会真的去尝试打了这些电话？

在我们猫头鹰性教育青春营里，便会和孩子讨论如何正确地看待色情。

回到婆婆对我的担心，我也会思考，是什么魔力让我大着六个月的肚子乐此不疲。

我想是方老师的专业和情怀，是我们这个团队的魔力，本着对每个孩子负责，每个人都精益求精。与智者同行，必添智慧；与猫头鹰齐飞，必成俊鸟！

我坚信，带着梦想和使命前行，充实而快乐地憧憬明天，是给娃的另一种胎教。

执笔：黄晓霞

✳ 等一朵花开，需要耐心和微笑

我第一次以助教的身份参加猫头鹰性教育少年秋令营，刚开营，我们就遇到了一个挑战，营中年龄最小的学员小七听到我们今天上午的内容会有自我介绍就号啕大哭，她害怕作自我介绍。当时已经到了开家长会的时间，我负责带学员们在场外玩游戏，主讲老师和家长把哭成泪人的小七带到我的身边。当我了解到她哭的原因时，我有些担心，因为我原本计划热身游戏的第一个环节是让学员们用一个"形容词＋名字"的方式向大家做初步的自我介绍，眼前的女孩对自我介绍很抗拒，我纠结要不要换一个开场游戏。

但我想到，说不定她可以慢慢克服对自我介绍的恐惧，那这对她来说会是一次很大的突破与成长。于是，我先带着学员们围成一个圈，让女孩就站在我的旁边，我跟学员们说，我们的这位成员现在有点伤心，有没有哪位同学愿意说一句话安慰、鼓励一下她？

有个男孩马上响应："老师，我们都不知道她为什么哭，所以不知道要说什么。"

于是，我轻声跟小七说："你愿意跟大家说说你为什么哭吗？"

小七抽泣着说："因为我不想作自我介绍。"

我继续说："现在我们知道了原因，哪位同学愿意说一句话鼓励一下小七？"

刚才积极响应的男孩马上说："我想说，只要勇敢就一定可以做到！"

小七听到来自同伴的鼓励，心情慢慢平复下来。我跟小七说："我们等一下也会有介绍自己的环节，如果你实在不愿意说，也可以不说，好吗？"她点了点头。

接着，我向孩子们介绍自我介绍接龙的规则，每个人先想一个形容词来形容自己，在向他人介绍时就用"形容词＋名字"的方式进行。在介绍自己之前，每个人都需要把前面学员的自我介绍重复一遍，进行接龙。

我先做了示范，因为我旁边就是小七，于是我问她："如果让你用一个词形容自己，你会用什么词？"

小七说："可爱的。"

于是，我就开始示范："她是可爱的小七，我是温柔的许老师。"

做了示范之后，孩子们便开始了自我介绍的接龙，最后轮到小七的时候，我问她："你愿意重复一下你前面这位同学的自我介绍和告诉大家你的名字吗？"

她小声地重复了并说出自己的名字，虽然声音不大，但她已经迈出了一小步，没有完全抗拒这个环节。

在画手指图时，我们有一个跟对方介绍自己并让对方在自己的手指图签名的环节。在这个过程，很多个学员都走到小七面前向她介绍自己。我也在一旁鼓励："你也可以向他们介绍一下你！"在我们的鼓励下，小七开始向其他组员介绍自己，没有了一开始的害怕与拘谨。我知道，小七又往前迈了一步。

更大的挑战是，小组要上台展示，每个人都需要向全体成员介绍自己画的手指图。这时，小七把我叫到跟前，凑着我的耳朵边说："老师，等一下我可以不介绍了吗？"

我对她说："你可以先听其他组员的介绍，如果你听完，实在不想介绍，也可以不介绍。你刚才跟其他组员介绍你的手指图，已经有很大进步了！"

小七听了我的话，仿佛吃了一颗定心丸，心情放松下来。等到他们小组上台时，她是最后一个介绍的，我以为她不会介绍，但没想到，当组员把话筒递给她时，她从容地把手指图上的内容说了出来。

从一开始不愿作自我介绍，到愿意用一个形容词介绍自己，到愿意跟个别组员介绍自己，再到最后勇敢地向全体学员介绍自己，我看到了小七的成长与进步。

在少年营中，学员不仅仅是在收获性教育的科学知识与价值观，还可以收获成长。我们知道，等一朵花开，需要很多的耐心和微笑。就像小七，我们不会通过强制要求让她一下子就要克服自己的恐惧，而是基于自主、安全、包容的课堂环境引导她去尝试，尊重她的意愿，鼓励她勇敢迈出第一步，相信她能克服内心的恐惧。

经过三天少年营的学习，相信小七不会再像以前那样害怕作自我介绍，因为她的内心已经注入了强大的力量，足够抵挡内心的恐惧！

执笔：许舒婷

✳ 自信的孩子，有目标的孩子，才有未来

青春营只有三天时间，想尽可能多地涉及孩子们会遇到的与身

体、情感、性有关的议题，所以每一个环节的设置都精挑细选，精益求精，力求在短暂的三天时间里达到尽可能好的效果。

自我介绍环节，请每个学生在小组中分享：自己最大的优点，20 年后自己将成为什么样的人。

不要小看这两个问题。每期，总有几个孩子说不出自己最大的优点，他们通常也是说不出希望自己 20 年后成为什么样的人的孩子。

我会认真地鼓励那些写不出自己优点的孩子想一想：你一定有优点，我只需要你写出自己最大的优点。

"真的没有优点。"有的孩子说。

我会说："不可能，所有人都有优点。"

其实我内心非常清楚，这些自认为自己没有优点的孩子，他们通常是被父母整天批评，甚至贬损的孩子。他们的自信心已经被碾压得所剩无几了。这样的孩子，又怎么会规划自己未来 20 年的人生理想呢？

我想用优点激励这些孩子。

自信的孩子，才会有未来。

而那个"20 年后的人生理想"，也不是随便问问的。有理想的孩子，也才会有未来。

无论孩子们写下什么，夏令营的带领老师，都要引导到积极、正面的方向。比如，有孩子写自己最大的优点是游戏玩得好，20 年后想成为一个游戏职业高手。这应该是最让家长们听到头疼的自我介绍了。我通常还是积极地肯定他们，说："游戏玩得好，说明你反应敏捷，智商、情商都高；20 年后成为游戏职业高手，说明你很有梦想和追求，而且游戏的职业高手也是赚钱很多的，成为高手的人意志力都会很强，所以在玩游戏之外的领域也不会差。"这样点到为止就可以了，如果我说"游戏高手在学习方面也一定会很好"，就意图太明显了，惹孩子讨厌了。

你要影响他们，必须让他们先喜欢你，而不是讨厌你。

每期性教育营，这个环节之后，我都会介绍我自己十多岁时的一次经历：

30 多年前，我 11 岁的时候，有一天，我的老师问我们："你希望自己 20 年后成为一个什么样的人？"

我当时说："我要成为一个作家。"

很多人笑话我，在多数人看来，成为作家是一个非常难的事情。但是，我一直非常努力，从来没有忘记自己的人生理想。20 年后，30 岁的时候，我已经出版了 20 多本书，成了一名作家，实现了自己 20 年前的理想。

当然，通往理想的路是艰难的，面临各种挑战。有的时候，你会走到一个岔路口，面临许多种选择。这时，你要慎重评估，哪条路更有助于你实现你的理想。有时我们会走错路，及时发现，掉过头来，我们才有可能把丢掉的时间抢回来。如果你没有及时发现，错路走得太远，那么就可能永远实现不了自己的梦想。有的时候，你还会面临各种诱惑，放弃你的理想。

任何时候，我希望你们记住：生命只有一次，我们没有办法从头再来。你们当中有些人，20 年后会实现自己的理想，有些人可能永远无法实现自己的理想。你要做哪一个？选择在你们的每一天中。

我们的人生中会遇到各种各样的选择。做出正确的，那个有助于你实现理想的选择。

这三天，写着每个孩子 20 年后梦想的大纸一直贴在教室的墙上。许多时候，我会提醒孩子们：这时，你可能面临一个选择，选择的时候，不要忘记你的梦想……

这不仅仅是励志故事，在我看来，这是让孩子们学会选择的第一步。

但是，我一直怀疑，仅靠这三天的激励是否足够，和孩子相处最多的是家长，家庭教育的理念一定要变。

一次家长会上，一位妈妈问："孩子上课时总是不自信，担心自己不行。怎么办？"

我问她："在家里是经常称赞孩子，还是经常批评孩子？如果经常批评孩子，说孩子的缺点，那在课堂上不自信是正常的。"

这位妈妈脸红了，不再说话。

执笔：方刚

✳ 这些重口味的问题，你也敢拿出来讨论

青春营第一天上午，最重要的环节是讨论"我支持的性"与"我反对的性"。这是一场分享价值观的盛宴。我会鼓励每组的学生尽可能多地写出他们知道的性，并且在小组内讨论。我说："人们围绕性，从来没有形成过统一的价值观，你们也是一样。所以，当你在任何一方写出一个'性'的时候，都要问一下小组的其他成员是支持还是反对。如果你写在了支持方，有三名组员却反对，那你就要写上'减3'。"

我还提醒学生，在这个过程中说出自己支持和反对的理由，与同伴分享价值观。重要的是，我们支持，不等于自己去做，而只是意味着，你认为喜欢这种性的人有这样做的权利。

当每个小组将自己的选择贴到墙上之后，我便开始了逐一分享的过程。这个过程，会对学生们的选择逐一点评。哪些地方达成了共识，哪些地方存在着分歧。在这个讨论的过程中，我们会看到，学生们能够达成共识的地方，通常可以总结出赋权型性教育的价值

观：自主、健康、责任。

那些学生们存在争议的地方，正是我们可以进行讨论的地方。而讨论的目的，是促进学生的分析与思考能力，而这正是主流的教学中所缺乏的。

但是，时间的关系，我并不能逐一讨论所有学生存在分歧的地方。从第一期青春期夏令营开始之后的很长时间里，我主要的讨论内容是同性恋。

我会请支持和反对同性恋的学生，在教室中面对面站成两排，然后让他们进行辩论。我还清楚地记得第一期的时候，约一半的学生反对同性恋，一半的学生支持同性恋。辩论之后重新选择站队的时候，几乎所有反对的学生都站到了支持的一面。

仅几年之后，青春营里的学生已经变成几乎一边倒地支持同性恋了。有一次只有一个学生反对，还有几次是两三个学生反对。这样一来，辩论几乎无法正常进行，有时我会站到反对的同学阵营，假想反对者的观点来发声，与对面的同学"辩论"。毕竟，我们对同性恋的态度，能够非常有效地反映出我们对于多元的理解与尊重程度。

但是，当越来越多的学生选择支持同性恋的时候，我知道，我需要新的更有挑战性的辩题了。

2019年的几期青春营中，我勇敢地尝试了辩论性交易、代孕这样的社会话题。

一开始，我是有些担心的。性交易、代孕，成年人的主流社会还存在着各种争议，这些未成年的学生们真的可能呈现多元价值观，将讨论的话题逐级深入吗？是否会成为简单的、一边倒的道德评判？

结果令我非常吃惊，也非常振奋。学生们的辩论在我的带领下，由浅入深，由表及里，由道德到法律，由法律到人权，精彩纷呈。

许多次我都忍不住连连喝彩！

坐在后面旁听的家长也惊呆了。他们没有想到自己的孩子这么有思想。他们一直把孩子当"孩子"，从来没有和他们进行这样成人式的对话。多数家长懂得，这样辩论的时候，就是孩子们获得心智成长的时候。但也有少数家长会担心：孩子懂这么多，真的好吗？辩论中呈现这么多对立的观点，包括"非主流"的观点，会不会"误导"孩子？

我在教学中一再强调：价值观冲突是非常正常的，但我们在讨论中听到了不同的声音，这引发了我们的思考，这才是最重要的。

所以，我并不会点评说哪一种观点是正确的。我关心的是，在这样的互动中学生们体现出的反思与质疑精神。

这是真正的人才所需要具备的。

但是，我们也不是没有原则的。我想在一些问题上和学生们达成一致。

比如，我会问在辩论之后仍然坚定地反对同性恋的同学："如果你的班里有一个同学是同性恋，我知道你不会和他做朋友，你甚至会感到恶心，但是，你会在他不注意的时候，打他吗？或者，有机会便在背后攻击他、污辱他？"

所有学生均回答："不会"。不要小看学生们，他们是有底线的。

当他们说出"不会"的时候，我会大声地称赞他们。

我会说："如我前述，人们在性上从来没有达成过统一的价值观。你反感某些人，也是你的权利。但是，如果大家对即使自己不喜欢的人，也不去伤害，那就是值得赞赏的。如果你看到别人去伤害他们，如果再能够去阻止，那你就是非常伟大的人了。"

学生们听得非常认真。

我会进一步引申："我们每个人都有与别人不一样的地方，都有可能被歧视的地方。如果我们伤害别人，自己也会成为被伤害的对象。只有共同努力建立一个包容的社会，所有人才能免受伤害。"

这时，我会低下头，让大家看我的秃顶："我们每个人都至少有一个地方足以被人歧视，比如我，谢顶。如果觉得自己有会被人歧视的地方，请举手。"

几乎每个孩子都会举手。

但我通常并不会问他们，避免让他们谈论自己不开心的话题。有时候，我会问他们，是因为会在这个讨论中转而增强他们的自信心。

有一次，面对一个最激烈地反对同性恋的男生，他刚染了黄头发。我问："有人歧视你吗？"他说："当然有……"我说："你看，你也会因为染了头发被歧视，虽然我觉得你的头发颜色很漂亮。"

还有一次夏令营，反对同性恋的一个男生穿了一条花裤子。我便说："可能有人仅仅会因为你穿了一条花裤子而歧视你，虽然我觉得它很漂亮。"我感到这位男生的眼神立即变了，我知道他被触动了。

也许，只有联结到我们自己，我们才会更深刻地理解歧视。

执笔：方刚

✳ 赋权给学生讨论，也要引导

有一期少年营的时候，讲师带领了一场讨论，但是，对于讨论中呈现出来的观点并没有做及时的回应。

讲师的理解是：我们进行的是赋权型性教育，只要让孩子们把观点呈现出来，他们自己进行辩论和思考就可以了，不能把我们的观点强加给他们。

这样理解是对的。我确实经常这样说。但是，如果孩子们在呈现观点的过程中，某种违背我们关于人权和性别平等的理念的观点占了上风，甚至整个讨论被引导向了反人权、强化社会性别刻板印象的方向，教育者就必须要进行干预了。

赋权，目的在于激励学生自己思考形成态度，但并不等于这个过程中我们不引导不评论，否则那不是弃权吗？

引导评论，不等于说要把我们的观点加给他们，而是促进他们在现有观点基础上的提升。所谓提升并不是要达成主流的价值观，而是避免陷在违背性人权和性别平等这些普世价值的观念中。学生发言之后，老师点评、总结、归纳、提升，这也是赋权。

性教育讲师李海琛曾在讲师群的讨论中提出：教育者要及时对学生的讨论做出必要的反馈，需要教育者做到：

※ 有明确的目标，知道要把孩子们引到哪几个方向（比如尊重，宽容），知道哪些是正相反的方向（比如暴力）。

※ 认真倾听孩子所说，头脑保持高度的清醒，抓住信息并且分类。一般分为三类：顺应引导方向的、逆方向的、无关紧要的旁枝末节的。

※ 有回应的技巧，语言的精准，眼神的表达，身体语言表情的表达等都要到位。用点头、微笑、眼神的赞赏，去呼应顺方向的，并且简单重复概括提炼关键词；用质疑皱眉，严厉的表情、反问、反驳，去呼应逆方向的；用一般态度呼应旁枝末节。

李海琛还注意到，从发言的角度，孩子们也分为四种类型：

A. 有的是听懂了，跟着走，根据问题有感而发非常精彩；

B. 有的就是要发言的机会，不一定听懂了，说的内容不精彩，甚至有错误；

C. 有的是不敢说，但是能听懂；

D. 有的是根本就听不懂，不参与。

针对不同层次的学生，教育者要设计不同难度的问题和活动，不要打击学生，即使孩子们回答得不对，也要有肯定。应该控制积极的学生，让更多的学生参与。

有难度的问题，留给 A。设计一些简单的判断对错的题，可以所有人齐声回答，可以小组轮流必答题，以促进 B、C、D 知识的掌握。需要读出现有材料的任务，可以留给 C、D。

执笔：方刚

✳ 讨论走偏了？及时拉回来

赋权型性教育的"及时介入技术"，强调的是讲师对夏令营学员的讨论进入及时引导，避免跑偏话题，或者避免强化错误的价值观。

有的时候，讲师在学生讨论时的及时介入，恰恰是最有助于学生成长的。基于此，如何与学员互动并引导讨论朝向正确的价值观，便成了非常有挑战的事情。

2018 年 2 月，第一期猫头鹰性教育少年冬令营，其中多处便显示出了这种"及时介入技术"的重要性。

少年营的学员都是 8—10 岁的孩子，他们来自不同的地方，不同的家庭，所处的家庭环境、学校环境及当地社会环境的影响不尽相同，每个人已有的性知识储备参差不齐，性的价值观也因人而异，因此他们的异质性相对较强，在一起参与性教育的团体活动会有不同价值观的碰撞与交流。当然，这也对赋权型性教育的讲师提出了较高的要求。

下面便是现场的四个需要及时介入的环节。

1. 对于性器官的知识捂眼不看

身体器官是平等的，认识性器官是科学知识的组成部分，可是在科学知识的分享过程中有一位学员突然捂住了眼睛，这是怎么回事呢？讲师要及时捕获这一信息，并思考原因。学员可能在成长的过程中受到了"性污名"的教育，认为性器官是可耻的，不可以和其他器官一样平等地被认识。如果不及时介入就是默许了这一看法，助长了性污名。

讲师要及时提问捂眼睛的学员："老师发现你刚刚捂住了眼睛，可以跟我们分享一下是什么原因让你捂眼睛吗？"

当学员说出自己捂眼睛的原因，要及时做出反馈，感谢他的分享，同时讲师分享身体器官是平等的理念，认识身体的性器官是学习科学知识的一部分，不是羞耻的事情，可以不遮住眼睛，坦然学习。

这样处理对于学员破除性器官的污名有积极的作用，同时传播了正确的理念，对于其他学员也产生了正向的影响。

2. 说出有污名色彩的词

在传媒发达的今天，孩子们获取信息的渠道很多，获得的信息也相对复杂了，一方面可能拓展知识面，另一方面也可能受到错误信息的影响。

在少年营中，一位学员在课堂发言时"骚女"脱口而出，而且不止一次。往往，重复出现的东西都是有意义的，当学员说出"骚女"这种明显对女性污名的词的时候，虽然当时课程的主题不是处理对女性的污名，但对这一现象不予理睬不仅会让说出"骚女"的学员认为这样说没有问题，也会让其他学员误以为这样的评价是可以在生活当中使用的，这样的认知和影响是与赋权的理念相悖的。

讲师发现了这一问题可以适当地停下来，与学员讨论："你认为什么样的人是'骚女'？""是什么原因让你这样来评价那些女性？"

通过与学员的讨论可以达到"去污名"的效果，学员认识到这样去评价别人是不尊重的体现，更是对某些女性的污名；在成长的过程中我们会遇到很多与我们不同的人，尽管他们与我们千差万别，但是去尊重别人，不对别人进行污名的评价是我们应该努力做到的，尊重别人是人生的一堂修养课。

在讨论的过程中，讲师与学员的对话也会在其他学员当中产生影响，并思考如何才能做到对别人的尊重。

3. 观看涉及性侵的电影产生负面情绪

《素媛》是根据真实事件改编的一部反映少女被性侵后如何疗愈的韩国电影，充满了正能量。有小学员看到素媛被性侵就不敢看了，跑出去。讲师和她交流，她说电影里的坏人太坏了。孩子所了解的社会与电影剧情的反差比较大，这种反差让她觉得这样的事情太残酷了，不敢继续看。

讲师让学员适当休息，理解孩子的不适应与回避，解释观影的目的，告诉学员影片中这样的事情每个人都不希望它发生，但坏人却不会因为我们不想而不做坏事；素媛是一个受到伤害的孩子，但是她又很勇敢、有力量，在影片后边的故事中，素媛战胜了这件事对她的伤害，依旧阳光地学习和生活。我们一起来看这部电影就是要学习素媛这种遇到伤害也能积极向上，追求美好人生的态度；素媛的家人和周围同学对她的支持也非常棒，有他们的陪伴和关心素媛才更快地从困境中走出来，我们也要向这些支持和关心素媛的人致敬，当身边有受到伤害的同学时也要关心和支持他们。

如果孩子最后决定不看也要尊重孩子，同时要对孩子的感受进行讨论，消解恐惧情绪。

4. 在活动中强化了社会性别刻板印象

绝大多数人的性别刻板印象是很深刻的，"男人就应该怎样""女人就应该怎样"是很多人认知中的标准，如果有人逾越了这些刻板印象，就会被冠以异类之名。

性教育营中，我们的一个活动是让学员匿名写出自己的性格、爱好、品质、特长，然后放到一起让大家随机抽捡，猜出对方的性别。当第一位分享的学员念出纸条上的内容时，大家异口同声地说："男孩！"讲师请纸条的主人站起来，大家发现并不是男孩，而是一位女孩。学员们心中形成剧烈的反差，事实与预想不符，这时讲师的及时介入是很关键的，正好可以解说性别刻板印象，促进学员觉悟。这时的介入，学员的印象会非常深刻。

而如果学生们都猜对了性别，印证了他们的社会性别刻板印象，讲师也要及时介入，和他们讨论是否存在不一样的同学。如果讲师不能及时介入，学员们一再依据性别刻板印象猜对，那这个活动就成了强化社会性别刻板印象的活动了，与我们的初衷完全背离。

有的讲师可能会觉得，我等所有学生都猜完之后再一起处理。但是，如果都是强化了社会性别刻板印象的发言，不及时处理，任由其发言，就是对学员强化了性别刻板印象。

同样的情况还出现在学员们讨论谁应该做家务的时候，连续几位学员都谈到爸爸不应该参与家务。此时讲师的及时介入也非常重要，不然会演变成性别刻板印象的教育，与赋权型性教育中强调性别平等、男性参与的理念背道而驰了。所以，介入一定要及时。

讲师可以打断学员话题，说："每个人都是家庭中的一分子，刚刚几位同学提到爸爸工作很累，应该休息，那妈妈工作是否也很累，也需要休息呢？"然后将讨论引入到正确的轨道上。

总之，虽然赋权型性教育主张学生主导，但并不等于讲师完全不参与。不是仅仅孩子呈现，而是要在孩子呈现的基础上准确、及时评论，引导他们升华，这个过程才是增能赋权的过程。在性教育当中，适时地巧妙运用"及时介入技术"往往可以达到四两拨千斤的效果。

执笔：张琴琴

✳ 什么年龄可以做爱？

有一期青春营最后的提问环节，有孩子用纸条问："什么年龄可以做爱？"

我回答："在座的家长，以及主流社会，通常希望和告诫未成年人，要到成年之后再做爱，甚至要结婚再做爱。这是一个期待，是为了孩子好。但是，许多孩子做不到这一点。所以，如果我现在也说这个标准，我就是虚伪的。我们第一天早晨就讨论了自主、健康、责任，我认为你能够做到自主、健康、责任就可以了。我们这三天的教育，都是致力于希望你学会如何做到自主、健康和责任。我看到很多人，20 多岁了，仍然不懂得对性做出自主、健康、责任的选择，所以我觉得年龄不是一个重要的标准。"

2017 年，荷兰青少年首次性交年龄的中位数是 18 岁，过去十年间，这个中位数一直在提升。比如 2006 年，是 16 岁半。

虽然青少年自己并不强调性教育的影响，但是专家们评估，一个重要的影响因素便是性教育。

荷兰的性教育致力于学生们讨论，形成价值观。而猫头鹰性教育营也是这样。

首次性交年龄的推迟，经常出现在性教育的讨论场合，用以证明性教育的成功。但是，千万不要误解为：性教育的目标在于推迟首次性交年龄。而是说，这被用来证明青少年慎重自我选择的能力提高了。

同时，也被用来说明，我们的"开放"的性教育，并不会提前，反而推迟了首次性交年龄。

很多性教育工作者，在教学中都会对学生说："性交应该是成年之后的事。"

说出这句话的老师，已经很"前卫"了，因为还有一些人，主要是女生家长，会说："性交应该是结婚之后的事。"

我却一直拒绝在教学中给孩子规定一个"可以性交"的时间，我一直在促进他们学习自主、健康、责任的基于人权的"性爱三原则"。

性教育营第一天早晨有家长会，我会在那时讲清楚我的理念，所以家长们通常不会提出异议。但在晚上的家长会时，偶尔会有家长提出要求：应该给孩子规定一个可以性交的时间，不然他们这么小，如果现在做爱，对成长不好。

这时，我会再次给家长解释我不规定年龄的理由：与其机械地规定一个时间点，不如让他们认识到"自主、健康、责任"的原则，因为无论这个时间点是成年，还是结婚后，都不仅是达不到目的的，也是不负责任的。

为什么给孩子一个可以性交的时间点，反而是不负责任的呢？因为当你这样做的时候，其实是逃避了教育的责任。"不许'早恋'""不许发生性关系"这些不就是过去几十年间老师和家长做的事情吗？结果又怎样呢？这里面有教育吗？没有。这里面只有说教与规训。

为什么规定性交时间点达不到目的呢？因为孩子们并不会我们说了就听我们的。

有的家长自己都没有做到结婚后再发生性关系，却想让自己的孩子等到结婚。这样简单的"指令"体现的是家长制的暴权，不仅破坏了孩子对我们的信任，而且也可能破坏他们对讲师和整个性教育营的认同，影响他们对其他内容的吸收。他们中的一些人可能会想：这个老师是虚伪的。如果家长做这样的教唆，也会破坏孩子对家长的信任，使他们不会在性的问题上与家庭交流。

"可是，家长不能不管孩子呀！"一位妈妈曾这样对我说。我回答："你确实就不应该'管'，因为当你此时使用'管'这个字的时候，是在规训、惩罚的含意上使用它。这种家长制心态，没有把孩子当成独立的人，把孩子当成一定不如家长的、一定不能学会自我负责的，一定要等家长教训与规训的孩子。为什么许多孩子在青春期出现逆反，为什么许多孩子接受了没结婚或未成年不要发生性关系的教育，仍然会有性关系，甚至会怀孕、感染疾病？恰是因为这种'管制'的思维模式隔离了教育者和孩子的关系，激发了孩子的叛逆意识，又无法同时增能赋权给孩子。"

面对"成年才可以有性关系"的论点，我时常反问这样几个问题：

※ 成人取决于年龄，还是取决于心智？达到一个年龄线，就必定心智成熟了吗？

※ 一个人明天过 18 岁生日，今天晚上提前庆祝，有了性关系，就是"坏孩子"？而睡一觉到明天早晨再做爱，就是好孩子了？

※ 一个人 28 岁，没有接受过好的性教育，不懂得自主、健康、责任，另一个人 17 岁，接受过赋权型性教育，懂得自主、健康、责任的性爱三原则，他们谁更有资格决定性爱与否？

所以，给孩子规定性爱年龄线的虚伪性，就更加暴露出来了。我们不是应该给孩子一个"可以做爱的年龄点"，而是帮助他们学会自主、健康、责任。

前面批评了"管教"的"管"，其实，"管"还可以有另一个解释，那便是顾及、服务、责任。这个含意上的"管"，孩子成为主体，而教育者，包括家长只是在为他们服务。只有在"为服务"的意识上，才可能提供真正的教育，即增能赋权的教育。

赋权型性教育强调，性教育是要让受教育者自己成长，有能力做出对自己和他人负责任的选择。所以，我们要通过性教育让孩子学会承担责任。

整个性教育营的设计，都是围绕着培养责任能力进行的。如果我们通过所有这些努力都没有让孩子们学会对自己和他人负责，就不要指望通过一句"不要在18岁之前做爱"管束住他们的身体和思想。

有人说，我这是在鼓励孩子们18岁之前做爱。这样想的人，是简单的"非此即彼""不反对就是支持"的思维模式。

作为教育者，我关心的只是学生是否懂得和能够做到基于人权的性爱三原则：自主、健康、责任。我不关心他们什么时候做爱。因为，那是他们自己的事。

执笔：方刚

✳ 色情品，你看了吗？

很多青春营的学生已经看过色情品了，但是，他们不会立即承认。

我会用开玩笑的方式导入，"骗"他们说出实话。

我先依次说：

昨天中午看过电影的举手！

看过动画片的举手！

看过科幻片的举手！

看过喜剧片的举手！

……

在大家放松警惕的时候，突然说：

看过色情片的举手！

在同学们的欢笑声中，每期都会有几个同学勇敢地举着手，无论是男生，还是女生。

我首先会表扬他们的诚实。

我说："我相信看过色情片的不止他们，但他们非常勇敢地承认了。"

然后我会请他们分享：从哪里看到的？看后的感受如何？羡慕色情片里的男演员吗（问男生）？觉得色情品中的男人和女人，与你身边的男同学或女同学一样吗？看色情品是否上瘾影响学习？……

在这个提问的过程中，学生们的反馈，都能够呈现出来我期望的东西：色情品是娱乐片，不是真实生活的反映；色情品中男人和女人的关系，不是现实生活中男人和女人的关系；我们不能够通过色情品学习亲密关系；色情品中的性是表演的，演员是精挑细选的，有些镜头甚至是蒙太奇，不要拿自己和里面的演员比，等等。

最后，我也会分享：色情品是生产了给成年人调情助性的娱乐品，未成年人最好不要看；但如果看了，也不必过于惊慌，要做到"拿得起放得下"，看过就看过了，不必过于自责。

同学们第一次看到色情品的渠道，通常都是电脑上网时偶然遇到的相关链接，误点进去了。也有一些学生，是同学间传看的。

有一期，我刚抛出"谁看过色情片"这个问题，有一个小组就沸腾了，学生们指着组里一个男生说："他这几天还要给我们看呢！"

我过去问究竟，有同学说："他说有黄片给我们，问看不看！"

那个男生很尴尬，禁止同学们说。

我便没有再问，只是说："目前中国的法律，看色情品不犯法，但是，传播色情品却是犯法的，所以同学们切不可以传播哟！"

有讲师提出不同观点：色情品里面的性是很真实的，通过观看色情品，有助于改善伴侣间的性关系。

确实，在我自己的"性与亲密关系咨询师"的教学中，也会将色情品用于性治疗的工具。但是，我们在性教育中说的是否"真实"，不专指性行为，也指人际关系。

色情品中的女性，通常都是身材非常美妙的，现实生活中的女性并不都是如此，所以这不是事实。

色情品中的女性，通常都是被动的，体现着权利关系的不平等，现实生活中的女性，或者我们期待的性别关系，不都是这样的。这不是事实。

色情品中的男人或女人，通常都可以接受各种各样的性关系，多人的，口爱的，现实生活中不是这样。这不是事实。

······

我们必须在更全面的层次上理解"真实"。

执笔：方刚

✳ 性教育营中的六个自问自答

在带领性教育营的时候，面对不同的家长、学生，讲师常会被触发去更深入地思考一些问题。有时，在思考的过程中，答案已经出现了。

这里的六个问题，便是我的自问自答。

1. 性教育，是积极的，还是消极的？

消极的性教育，只讲性暴力，防性侵；而积极的性教育，应该同时讲性愉悦。

消极的性教育，只讲女性是性的受害者，受损者；而积极的性教育，女性不都是受害者。将女性视为受害者，这本身就是一种性别刻板印象。

消极的性教育，不讲性快乐；积极的性教育，不仅讲性快乐，还讲女性也可以享有性快乐。

女性是否有自主权，女性是否是情欲的主体，女性是否也是性关系中的受益者……这些都是检验我们的性教育是积极的，还是消极的尺度。

消极的性教育，讲对隐私部位的"侵犯"；积极的性教育，可以称为"中部"，而非"隐私"。而且，对"中部"的触摸可以称为"密触"，性侵只是"密触"的一部分，不好的"密触"。

只讲防性侵，提供的便全是关于性的负面的认知；如果也讲快乐，就是快乐的性，快乐的认知。

2. 服从，还是质疑？

我们要思考的性教育议题，其中一个便是：我们是教育孩子服从规则，还是引导孩子思考和质疑规则。如果服从，那就是规训；如果思考和质疑，才是教育。

我们用思考来质疑、挑战规则，这个过程中孩子们便成长了。

青春营第一天上午课程中"支持"与"反对"的性，我通常是讨论同性恋，但是，2019 年，我开始讨论"性工作"了。因为以往，学生们针对"卖淫嫖娼"都是一边倒的归入"反对"。但是，这一年有不同的意见了。

这便是讨论的开始。

一边倒的话题，我们不是不可以讨论。但是，对于设计中只有半个多小时的讨论时间，是有些困难的。

讨论性工作，我们就会挑战到法律。这也是有一定危险度的，需要讲师把握的尺度非常好。幸好，那期青春营的学员们都进行了非常深入的自主讨论。

3. 知情同意，是否考虑文化压迫

在性教育的领域，我们主张知情同意。真正做到知情同意，要向受教育者呈现多元的价值观，这样他才能够自己做充分的思考，自己做选择；呈现多元价值观后，我们还要鼓励受教育者自我思考，自我决定。这两点，通常的教育中都是不具备的。但是，不要以为有了这两点就足够了。

我曾提出：我们经常忽视的一点是我们应该鼓励或引导受教育者，反思他做决定的过程。

许多时候，我们表面上是已经了解了多元的价值观，已经在自己做思考和选择，但是，因为我们受主流文化浸染之深，我们很多人是在被建构的框架内进行思考，我们以为是自己在思考，其实是被建构、被形塑后的自我在思考，即我们并没有真正在思考。所以，真正的知情同意，真正的自主选择，要反思自己做选择、做决定的过程，看这个过程是否是超脱了建构的，是否是具有反身性的。

在思考知情同意的时候，一个人受的性教育，一个人的性别刻板印象，还有所处的权利关系，都会介入到决策的过程中，所以都是要反思的。

4. 私下，就是"见不得人"？

讲自慰的时候，我们会提出私下做的原则。

有讲师问："您前面刚说了，所有身体部位都是平等的，没有谁比谁更高级或低级，为什么自慰就要私下做呢？"

我回答："私下做，只是说明这是私事，私事不等于低级，私事也不等于见不得人。只是，这是你自己的事情。"

5. 我们该如何用词？

校车上，司机说："男孩女孩们都下车了。"

"我不是男孩，也不是女孩，所以我不下车。"

这是生活中真实发生的故事，孩子们已经越来越有性别多元的态度了。这也决定着，我们要慎重使用词句。

我们的讲师在性教育营中，会说"各位同学"，我们不说"孩子们"，不说"男生女生"。

我也只使用"伴侣"，不使用"夫妻"之类的称谓。

处女膜，我们也会改为使用"阴道瓣"这个词。"处女膜"关注的是女性是否发生过性关系，"阴道瓣"则是一个客观的描述。

在这个过程中，我们传达多元平等的理念。这也是一种态度。我希望让孩子们了解我们的包容。

6. 自慰真的不过度吗？

赋权型性教育认为，自慰在次数上不会"过度"，除非强迫症；在方式上伤害自己就过度了。

在某个青春营讨论自慰的时候，一位男生说了一句："本该写作业的时候，自慰了，过后困了，睡觉了，作业没写。这算不算过度？"

我当时脑子里闪过一句话：自慰影响你实现生活目标的时候，也可以算作"过度"了。

执笔：方刚

✳ 他们喜欢我

性教育营每天结束之后，先是家长会，然后便是观摩老师的讨论。许多个晚上，我们会一起讨论到七八点钟。

有一次最后一天结束后，有位讲师问我："刚才自由提问环节，许多孩子写纸条问您一些开玩笑的问题，像'您的性能力如何'之类的，您怎么做到不生气的？"

我有些奇怪，问她："我为什么要生气呀？问那些问题，说明他们喜欢我。"

是的，我一直将这些问题视作他们喜欢我的一个表现。

类似的问题还有：

"您的头发为什么秃了？"

"您有过几个女朋友？您做过多少次爱？"

"老师，您多大了？"

……

只有当你喜欢一个老师的时候，才会问他这些问题，不是吗？

我清楚地记得，有一个13岁的女生，在夏令营之后发微信给我，说："我从来没有见过您这样的老师。"

我不知道是该高兴还是该感到悲伤。我并不觉得自己有多么特别地"亲民"。我只是按最平常的样子，像对待所有人一样对待这些孩子。我们是平等的，我并没有特意要迁就或照顾他们，我只是从来没有意识到我们之间有差别，无论是年龄的差别，还是角色的差别。

只是碰巧，我是这三天活动的带领者，而他们是活动的主人。

带领夏令营的时候，我从来没有意识到自己和他们的年龄差别。当有家长称赞我和孩子们交流得如鱼得水的时候，我才会恍然意识到，我和他们是有年龄差的。

我从没想过自己与孩子们打成一片，因为我就是他们中的一员。

执笔：方刚

✳ 陪孩子一起学习性教育，这三个理由已足够

猫头鹰性教育少年营在厦门开课，作为主讲老师之一，我再一次深刻体会到性教育在家庭教育中的重要作用。总的来说，我们设置的性教育课程，至少可以解决目前家庭教育的三大痛点。

痛点 1：家长不能做到和孩子坦然谈性

在家庭教育中，家长普遍不知如何做到和孩子坦然谈性，其实这很正常，因为作为家长，很少有机会学到这部分内容，加上我们的社会环境，大部分人仍然觉得性是羞耻的，是肮脏的，所以总是不自觉地回避性的话题，不能坦然和孩子谈性。

但是有关"性"的话题随着孩子的成长，会越来越不可"逃避"。逃避意味着错失可教的时刻，逃避意味着孩子会从其他不可知的途径去获取答案。

当家长把孩子送到猫头鹰性教育少年营，陪着孩子上完第一天课时，会发现，原来坦然谈性并非那么难。

第一天的课程由我带领，主要让孩子们认识身体，学习身体权等知识，家长会发现当专业的老师和孩子们谈论性器官，谈论"我从哪里来"时，就如同探讨"苹果为什么是掉在地上而不是飞到天上"一样平常。因为性教育是一门学科，接受过性教育培训的老师在对待性的态度上是坦然的，当用这种坦然而不回避的态度讲解

性知识，孩子们自然会感受到性原来不是"羞耻"的，而是"正常"的。

观摩的家长，陪着孩子上完第一天的课程，从某种程度上也完成了一次对性话题的脱敏。日后，当孩子问到这方面的话题时，再不会措手不及，惊慌失措。

所以，当家长没有接受过专业的学习前，把孩子送到专业的性教育机构，无疑是最明智的选择。因为我们不仅为孩子提供专业的性知识，还提供免费的家长观摩学习机会，让家长和孩子共同成长。

痛点 2：家长总是被期待给男孩女孩不同的教育

受社会性别刻板印象影响，家长被期待着教出勇敢坚强的男孩、温柔善良的女孩。在这样的期待中，很多家长送男孩去军训吃苦，送女孩去学礼仪，认为这样教出来的孩子更能符合社会性别的期待。

还有一些教育专家或心理学专家，告诉家长女孩要富养男孩要穷养；女孩要宠爱男孩要严厉……这些主张无疑让父母们陷入焦虑：一方面我们希望像专家说的一样，另一方面我们又很难真正做到。

归根结底，家长的焦虑在于不知如何给孩子正确的性别的教育，然而来到我们性教育营的第二天，那些执迷于男孩女孩不同教养的家长，就会有新的认识。

第二天上午由王晓斌老师带领，王老师有着非常扎实的专业功底，深受孩子们的喜欢。王老师和孩子们讨论性别，引导孩子们去除社会性别的刻板印象，用游戏和绘本等方式，让孩子思考：玩具和颜色到底要不要定上性别的属性？同样，性格特征要不要打上性别的标签？

在游戏的环节，一位男同学说自己喜欢毛绒玩具，刚开始时被另外两位同学笑话了，当老师问他为什么喜欢玩毛绒玩具时，他说："因为毛绒玩具柔软，晚上我一个人睡觉时，有毛绒玩具陪我，我就不害怕了。"

听到这样的答案时，再没有谁笑话他，反而觉得他是如此真实。

孩子们通过这个上午，非常清楚地认识到，玩具和颜色没有特定的性别属性，性格特征也不能贴上任何的性别标签。

家长们在观摩中也体会到：男孩女孩根本不需要区别性别来教育，而只需明白，只要是优秀的性格品质，男孩女孩就都需要。勇敢坚强不只属于男孩，女孩同样需要；温柔善良也不只属于女孩，男孩也同样需要。

痛点 3：家长总是被期待平衡工作和陪伴孩子

很多忙于工作的父母，特别是作为母亲的女性，他们常常被问道："你是如何平衡工作和家庭的？"言下之意就是你必须在工作出色的同时，还要照顾好家庭，教育好孩子。

在性教育夏令营的第三天，王晓斌老师用整整一上午来讨论家庭的分工及家庭的多样性。当讨论到家庭中的家务分工时，一位同学看到别人都是爸爸妈妈做不同家务，紧张地问老师："我们家的家务都是阿姨做，怎么办？"

王老师说："家长工作忙，请专业的阿姨做家务也是一种家庭分工。"

"但我希望妈妈能和别人的妈妈一样，给我做饭吃，虽然妈妈做得不好吃。"是啊，当我们觉得家长只有付出时间陪伴孩子才是爱孩子时，孩子会怀疑，爸爸妈妈忙于工作不陪我，是不是不爱我？

但是通过一上午的学习和探讨，孩子们就会发现，原来家庭的分工各有各的不同，家庭的形式也多种多样，幸福的家庭没有统一的标准，只有爱才是家庭中最重要的元素。妈妈花时间给你做饭，是爱的一种方式；妈妈工作忙，请专业的阿姨来做饭，是爱的另一种表达方式。

在我们的课堂上，家长们不会焦虑"为什么不能多陪陪孩子"，因为我们相信每位忙于工作不能更多陪伴孩子的家长都是权衡后做出的选择，但需要学习的是：如何表达自己的爱，爱需要被孩子知道，需要言语上的告知，家庭成员之间需要爱的表达。

看来，陪孩子来猫头鹰性教育少年营，有这三个理由就够了：一、和孩子坦然谈性，需要家长和孩子一起学习专业的性教育知识。二、和孩子一起接受性别平等的教育，就不会纠结男孩女孩该如何区别教育，而是重点培养孩子优秀的品质，因为优秀的品质不分性别。三、家庭的幸福在于是否有爱，是否正确地表达了爱，而不是焦虑陪孩子的时间够不够；表达爱的方式各种各样，重点在于让孩子确认我们对他们的爱。

执笔：郑莉

✳ 从梦想开始，不从防性侵开始

很多人认为性教育就是预防性侵害，而我们的赋权型性教育却不太一样，我们并不会一开始就讲如何预防性侵犯，而是从梦想开始，以认识身体、保护自己为基础，以促进人格的全面成长为最终目的。

每期的性教育少年营中，在孩子们做自我介绍中都会跟孩子强调你的梦想是什么。几乎每个孩子都有一个伟大的梦想，可随着时间的流逝，我们又是否能记得曾经的梦想呢？

因为我们的教育，不在乎孩子的梦想是什么，只关心孩子学习成绩好不好，有没有排班级或年级前几名。小学的时候告诉孩子要考重点初中，初中时鞭策孩子要上重点高中，到了重点高中，希望孩子考一所好大学，大学毕业后，期待着找一份好工作，至于梦想是什么，没有人关心。

　　看过一个故事，讲的是英国内阁教育大臣、盲人戴维。还是幼儿园的时候，戴维在题为《未来的我是——》作文中描述了自己的梦想，希望长大后当一名英国内阁大臣。他认为，在英国历史上还未曾有过盲人进入内阁的先例，他要创造历史。长大后，戴维梦想成真，当上了英国内阁教育大臣。他说："只要不让年轻时美丽的梦想随岁月飘逝，成功总有一天会出现在你的面前。"

　　所以我们有责任呵护孩子的梦想，不管是多么"渺小"，或是多么"伟大"。只要不忘记心中的梦想，就有克服人生道路上一切困难的勇气。

　　由梦想开始的性教育，讲防性侵也和别人不一样。我们更强调"身体权"，而不是"防性侵"。老师们讲道："我们注重身体权的理解和认识：每个人的身体界限都是不同的，我们要表达自己的身体界限，但同时也不侵犯他人的身体界限。身体的每个器官都是平等的，鼻子、嘴巴、手等，并不比阴茎、阴道更高级，它们对我们身体而言都是一样重要的。而更重要的是，我们强调身体权时，更强调'生命最重要'。两人谈恋爱后发生关系不是简单的性侵！"

　　孩子从小被错误的性教育引导，认为被性侵是一件特别严重、特别受伤害的事，受性侵的人就不纯洁不完整了……而我们的性教育是要告诉孩子，被性侵的人只是身体权被侵犯了，和被别人打一拳踹一脚受伤害的性质是一样的。当被打一拳时，会感觉受伤害而选择自杀吗？

　　所以，性教育要告诉孩子，受到性侵的人就是身体权受到侵犯，他们的人格不会因此受损，他们还和以前一样完整纯洁。侵犯别人的才是不完整不纯洁的人。

　　当然最重要的是，任何时候都要告诉孩子生命最重要，生命在，希望才在，任何伤害都会被时间治愈。

　　赋权型性教育的讲师们，致力于孩子人格的成长。

　　围绕成长，我们有性别议题、情绪议题、家庭责任、青春期变化等，这一系列议题都围绕一个目的：促进人格全面成长！

我们关注成长，因为成长比成功更重要。这个世界上有太多的人告诉我们要成功，却很少有人告诉我们要成长。因为成功显而易见，成长却未必看得见。然而，没有永远的成功，却有一直的成长，不管你处在什么年龄，都可以成长。

成长是生命的主旋律，"成长"也是我们猫头鹰性教育最重要的理念，所以在每一场性教育过程中，我们都见证着成长，孩子在这里成长，家长在这里成长，每一位讲师也在这里成长。

执笔：郑莉

✳ 让青少年在被尊重中学习

赋权型性教育强调充分尊重青少年的权利，视青少年为平等参与的伙伴，而不是被规训的对象。赋权不是简单地将权利直接"扔"给青少年，对青少年的赋权是一个参与的过程，这个过程是：辅助、带领青少年学习决策技巧，全面了解信息，掌握技能，引导其思考并逐步形成自己的价值观，提升做出对自己和他人负责任的选择的能力。这本身便显示出，赋权型性教育是充分尊重青少年的性教育模式。

笔者参与和观察了 2018 年 2 月在北京举办的少年冬令营和青春期冬令营，深刻体验到课堂内外，无处不存在"尊重"的灵魂。以下将从课堂实践、课程内容、课堂以外、学员感受等方面浅谈赋权型性教育中的"尊重"。

1. 教学实践上的尊重

（1）赋权组长

青春期营及少年营中，我们都会将孩子按每组 4—6 人进行分组，各组推选出组长，组长负责带领全组成员进行组内团队建设，并在三天的营活动中带领全组参与。三天下来，组长要担负的使命并不小，但不管这个组长是不是平时学校里的班干部，这个时候他们的责任心都会特别强，各项任务也都能较好地去完成。

比如，每次临近上课时，如果人没到齐，带领者一般不能很快反映出来具体是哪些同学、什么原因没到场以及大概还要多久可以到。这个时候，只要将这个事情交给各组长，他们都能迅速将上述问题一一落实并反馈给讲师，有了这些得力助手，带领者省心省力不少。甚至是组内出现一些小冲突时，我们也可以视情况将协调和处理的职责交给这个组长。

少年营中，有一个组经大家一致商议选定一个组长之后，组内另一个学员愤愤不满。很显然，她也想当组长，但是大家都知道，她不是最合适的人选。睿智的组长立即想出一个好招——让这位学员做副组长。片刻工夫，问题就解决了。当时作为该节课助教的我在心中暗暗惊叹孩子们的智慧和巧妙化解问题的能力。另外，不管什么课堂，只要设立有让学员发言的环节，课程中不可避免会出现一个状况：少数几个特别活跃的孩子总是抢着发言，而另一些孩子总是沉默不语。这个时候，我们也可以借助组长的力量，由他来安排组内成员的发言，因为有的时候组长对于他的组员的了解往往比带领者更多，他可能会知道谁对问题有比较好的答案，谁此时心里想发言但胆量不够，谁有了答案但需要其他人帮助"代言"。

这些做法既让组长在被信任中获得了成就感，也扮演了非常重要的带领者得力助手的角色。

（2）让孩子当"讲师"

青春期营上，其中一个主打亮点是在讲授青春期身体变化时，方刚老师在头一天跟学员们预告第二天要讲解月经、遗精、青春痘等，但到时将由同学们（自愿报名）来担当带领者，这些"临时老师"的任务是：上网查找相关资料，并利用晚上时间制作好PPT，第二天在课上向同学们讲授。方老师还作了一个特别要求：女生认领"遗精"任务，男生认领"月经"任务，"青春痘"任务则可以自由选择。

第二天的课上，当这些"临时老师"一个个走上讲台，我们看到的是准备充分的资料呈现、笃定的状态、条理清晰的表述。讲月经的男"老师"，告诉女生如何注意经期卫生，不要将此事当作精神负担，悦纳身体送给自己这个成长的"礼物"；讲遗精的女"老师"，同样也科学全面地诠释了遗精的产生机制、应对方式、注意事项；讲青春痘的一男一女两位"老师"，也都有很出彩的表现。

方老师让这些"临时老师"讲授异性同学的身体变化，用意颇深。

首先，让学生反转为老师角色，学生很好地过了一把"老师瘾"，这个过程他们体验了老师的不易：需要花不少时间认真备课，需要考虑学生面临的主要问题是什么，如何帮助他们通过获取知识来解决这些问题，等等。这一过程，绝不仅仅是过一把"老师瘾"这么简单，他们在这个过程中内心一定涤荡过并学会了换位思考，而换位思考这个能力将有助于他们在今后的人生道路上更稳健地前行。

其次，我们的社会对与性相关的话题都比较避讳和污名，很多青春期孩子并不能很好地面对这些身体变化，内心有很多困惑但又不敢启齿。而在我们的夏／冬令营中，正是要打破这种神秘感和羞耻感，给月经和遗精"正名"。方老师让学生们分别负责讲授异性同学的生理变化知识，他们查阅资料、深度学习、思考异性同学身体变化主要会有哪些困惑，这期间更了解了异性的生理和心理，除了破除神秘感，这也会让他们更加理解和体贴异性家庭成员，今后建立亲密关系后更加懂得照顾伴侣。

最后，这一机会让这些"临时老师"们充分体验到了方老师对他们的信任和尊重，他们也在这份信任中内心充满了力量和责任感，欣喜而又略有压力，所以他们会尽其所能、想尽一切办法去做最充分的讲课准备。其中一位"临时老师"，为了呈现出更好的课件材料，主动邀请他当天在课堂上刚结识的一位新朋友联手查询资料、制作课件。可见，对于方老师的"赋权"，学员们是有充分的准备来"接权"的，而且，这一过程，青少年们一直在"增能"。

2. 教学内容上的尊重

（1）尊重每个人的身体界限

作为赋权型性教育的提出者，方老师一直强调，我们不做只讲反性侵的教育。夏／冬令营中，不是单纯地学习反性侵，而是学习身体自主权，学习对不舒服的触碰说"不"的能力和智慧。

通常的反性骚扰教学中，会告诉孩子"泳衣遮起来的部位都是不能触摸"的，但是，在赋权型性教育的少年营中，带领者让同学们自己确立自己的身体安全界限，也就是自己身体不愿意让别人触碰的"红灯区"。当同学们都将自己的身体界限图展示出来之后，他们会发现：每个人对于不允许、不确定以及愿意让别人触碰的身体部位都是不一样的。带领者告诉他们，这是非常正常的事情，每个人都是独特的个体，对于自己身体界限的划分自然不会都一样。另外，即使是同一个人，面对不同的人对于自己身体的触碰，身体界限也会不一样，或许我们的家人和亲友抚摸我们的头和肩时会让我们感觉到温暖，但是如果是不熟悉的人甚至是陌生人，对我们做同样的动作可能会让我们产生不舒服甚至厌恶的感觉；同时，我们的身体界限还会因为时间和地点的变化发生改变。总之，身体是我们自己的，不管任何时候，面对任何人，哪怕是我们的亲人甚至父母的触碰，只要是令自己感到不舒服的，我们都有权拒绝。

这部分教育中，带领者没有简单地"规定"哪里被触碰算性骚扰，而充分尊重了每个人对身体界限的理解，这也是反性骚扰中真正应该重视的。

更可贵的是，方老师还强调：我们学习保护自己的身体权，也要尊重他人的身体权，不能不经过对方同意随意触碰别人身体的任何部位，不能性骚扰其他人。这种"自己不做性骚扰施加者"的教育在反性骚扰的教学中几乎从未见到。

（2）尊重差别

赋权型性教育强调不违背人权和性别平等的性教育理念，以不侵犯他人的前提下，尊重学生的不同的价值观。所以在冬令营的所有讨论环节中，学生们呈现出来的观点，都会受到尊重。比如说，带领者强调社会性别平等，在活动中多次传递这样的价值观：男孩不必是刚强、勇敢、主动、强壮的，女孩也不必是柔弱、胆小、感性、文静的，喜欢洋娃娃的男孩和喜欢体育运动的女孩同样很正常，同样可以拥有美好的未来和人生；妈妈不仅会做家务，也会修汽车，还可以成为能够独当一面的职场精英；家务劳动并不是女性家庭成员的专利，家庭中男性成员加入到家务劳动中会使家庭更温馨更幸福；男孩子"娘娘腔"和女孩子"汉子"都是他们的个性表达，我们不能因此而歧视、孤立甚至欺凌他们……

通过课程讲授，学生们还会对社会上的少数群体如同性恋者、跨性别者、单亲或离异家庭的孩子持有尊重的态度，而不是歧视和冷漠。

（3）是否规定一个性交年龄？

青春期营的家长交流环节，有家长担心孩子太早发生性关系，提出让方老师告诉孩子一个明确的可以发生性行为的年龄，比如，大学毕业，结婚。对此，方老师和家长们进行了认真严谨的分享，国际性教育的经验也是，不规定性交年龄，孩子们并不一定更早发生性行为。性行为的早晚，与教师和家长的"规训"无关，取决于增能赋权的效果。所以，我们要让青少年充分了解性爱三原则（自主、健康、责任），将"性"的自主权利"交还"他们，让他们自己来做对自己和他人负责任的决定和行为。这种处理，充分体现了真正尊重青少年的身体权。

经过讨论，家长们更清楚地知道了：规定孩子什么时候可以发生性行为，这本身是一件毫无意义的事，规定了孩子就会真的遵从吗？这只是等于在教导青少年对家长撒谎，遇到问题时不再将家长作为心灵的后盾，而选择独自采取不一定安全和明智的处理方式；这其实也是家长和老师们一厢情愿地掩耳盗铃，是他们不相信青少年和对自己不自信的表现。

尊重，只要我们用心，孩子自然感受得到。并且，感受到被尊重的青少年一定会更好地接受性教育的营养，也就一定会更有力量，带着这份力量，他们能够更好地尊重自己、尊重他人！

执笔：覃芳莉

✳ 在玩游戏中完成的性教育

赋权型性教育的最终目的是要提高孩子的能力，让孩子们能够做出对自己、对他人都负责的决定和行为。传统的授课式的、大课式的、讲座式的、填鸭式的课程是不符合赋权型性教育的，因为教师和学生之间缺少平等对话的机制，只有教师一方的信息输出，却无法知道学生是否已经理解和掌握。方老师的性教育团队强调通过游戏来让孩子感受游戏环节背后的设计意图，寓教于乐中实现教学目标。

在猫头鹰性教育少年营的教学中，我们结合教学目标，改造了一些经典游戏，也设计了自己的游戏。

1. 猜一猜

在带领孩子们认识身体器官的时候，带领者可以直接展示器官图片，分别注明它们的科学名称，并且带头指出图片和身体上相对应的器官，包括阴部，行为举止要大方自然。带领者对待性器官的态度会直接传达给孩子，如果你羞于指出自己的性器官在哪里，那么孩子们就会模仿、内化你的态度。

接下来做一个"猜猜身体器官"的活动，轮流邀请一位同学用身体语言来描述某个器官（带领者可以指定要求描述的器官），注意不能用口头语言表达，其他同学猜测他描述的这个器官是什么。这对孩子们来说有一定的难度，所以带领者在开始介绍这些器官时就要尽可能详细地描述它们的形状、颜色等，并且不断地向孩子们提问"你觉得这个像什么呀？""它们随着年龄的增长会有什么变化呀？""大家试图用你们的肌肉动一下这个器官，它会怎么动呀？"等等，充分打开孩子们的想象空间。

2. 制作小饼干

制作各种身体图案的饼干，比如裸露的人体，制作好之后，带领者可以带领孩子们一起把各种样式的饼干吃掉。现在市面上有很多动物形状、手指形状的小饼干，唯独没见过裸体的小饼干，带领者通过这种方式可以对孩子进行性的脱敏，去除对性的污名，打破身体的禁忌。如果当场制作有安全、卫生风险，或者场地、设备不允许的话，也可以在专业的烘焙店里制作完成后，带过来发放给孩子们作为课间点心或者奖品。

3. 设计扑克牌

方老师亲自设计了两套性教育扑克牌，一套是给家长使用的，一套是给青春期的孩子们使用的。扑克牌是非常流行的游戏工具，而且可以保存比较长的时间，流传广。将性教育的内容印在扑克上，孩子们玩扑克的时候就能够自然地接触到性教育的知识点。

4. 卡片对对碰

制作一些扑克牌大小或者更小一些的卡片，画上不同的身体器官图案，包括五官、男女性器官等。可以让孩子们参与制作卡片，他们为了画出更加准确的图案，就会更加仔细地观察自己或者照片上的各类器官，从而加深孩子们对于器官的认知。

接下来，让孩子们通过匹配卡片，辨识哪些是女生的身体器官，哪些是属于男生的身体器官，哪些身体器官男女共有。相信经过上一步的卡片制作，这一步就会显得非常简单了。

5. 过家家

准备几个男女婴儿的裸体娃娃，以及一些服装，让孩子们学习怎样照顾小婴儿。可以给孩子们分配角色：上班族妈妈，全职照顾婴儿的爸爸；上班族爸爸，全职照顾婴儿的妈妈；单亲家庭照顾婴儿；两个爸爸或者两个妈妈照顾婴儿；爸爸、妈妈都是上班族，等等。让孩子们注意男生、女生的护理重点有什么不同，当婴儿长大一些的时候，清洁、护理又会有什么不同呢，指导孩子们学会清洁不同性别的性器官，从而学会清理自己的性器官。这个游戏可以培养孩子们的独立精神以及良好的卫生习惯。

分配角色的时候，孩子们可能会有不同的建议甚至反对的意见，这个时候带领者要引导孩子们将自己的观点充分表达出来。当然，在孩子们发表意见之后，带领者必须给出回应，赞许或者给出赋权型性教育的价值观，要创造一个平等对话的环境，跟孩子们一起讨论，而不是一味地输出我们的观点。

6. 女娲造人

将性教育游戏和我国传统故事、神话传说结合起来，用橡皮泥等可塑性材料捏人。让孩子们想象：如果我是女娲，现在我要如何制作一个人呢？我要制作怎样的一个人呢？男人、女人、易装者、跨性别者、残疾人、头发长的男人、肌肉发达的女人，等等，带领者提示孩子们人具有多样性、多元性，激发孩子们创造出更多元的人类。注意要捏出这个人的性特征、性器官、头发等，尽量丰富一点儿。可以团队合作，这样既节省时间，又能将泥人打造得更加完整。

7. 家庭重组

准备一些卡片，先分成4—5个小组，然后每张卡片标上4—5人小组中的一个角色。如职场组，建筑女工、幼儿园男老师、女科学家、男护士、女IT工程师、男秘书等，创造一些突破性别刻板印象的职业；家庭组，除了传统的双亲家庭，还应该创造一些同性恋组成的有孩子的家庭、单亲或者没有双亲有孩子的家庭，等等，创造多元化家庭；性少数群体组，同性恋、易装者、跨性别等。

每个人拿一张卡片，让孩子们在屋子里四处走动，与遇到的人彼此交流，告诉对方自己的角色。当带领者大声喊"家庭重组"时，大家必须尽力、快速地去组成一个家庭，最后一个完成家庭重组的小组表演他们的家庭角色。重复上面的过程，直到所有的小组都很活跃，大家都很放松时，利用刚刚成立的家庭成员小组继续下面的小组活动。

8. 修改后的萝卜蹲

轮流邀请八个同学上台参加游戏（确保每一个孩子都有参加的机会），利用这个游戏可以吸引大家的注意力，带动大家的激情，让大家保持头脑清醒，振奋精神，因此这个游戏可以放在下午或者其他孩子们感觉疲惫的时间段来做。

这八个人分别称呼自己为阴茎、阴道、乳房、屁股、避孕套、月经、精子、卵子，带领者这时可以提示大家说，这些都是身体部位，和其他身体部位是一样的，不需要害羞，也不能嘲笑别人。当然，教师也可以替换其他性教育的词语。活动开始后，任选一人开始，开始的人说自己的称号"** 蹲，** 蹲，** 蹲完，XX 蹲（另一人的称呼）"，被叫到的人要立刻接下去说"XX 蹲，XX 蹲，XX 蹲完，YY 蹲（YY 既可以是第三个人的称呼，也可以重复上一个人 **）"，如果第二个人 XX 一下子反应不过来没接上，则被淘汰下场，剩下的同学继续游戏，直到场上剩下最后一个同学，即为赢家。为了让参加的同学记住别人的和自己的称呼，也为了让台下的同学看得明白，带领者需要把这八个同学代表的称呼写在展示板上。

在游戏过程中，可以请每次淘汰下场的同学说出一句他的真心话，比如，你为什么来参加性教育培训？你最欣赏自己的哪个部位？你每天都清洗自己的阴部吗？等等。

注意把握时间，最后可能会剩下几个同学难分上下，这时带领者可以宣布剩下的几个都是大赢家，注意活跃气氛，带动大家的激情。

9. 修改后的大风吹

有些传统的、经典的游戏，在性教育中可以进行发展。大风吹这个游戏，很多老师都在用。但在性教育的活动中，我们将"吹"的内容，与教学内容相结合进行尝试，效果不错。比如，可以吹性别气质，如勇敢、坚强等，也可以吹青春期生理变化，比如月经、喉结等。带领者要注意，在学生"吹"过之后，及时介入进行评点，从而达到教学效果。

发现学习的倡导者布鲁纳说过，我们讲授某门课程并不是为了形成有关该课程的小型百科全书，而是让学生自己去思考。像历史学家那样去思考问题，参与获得知识的过程。理解是一个过程，而不是一个结果。赋权型的学习有多种益处，它可以唤起学生的好奇心，激励学生努力坚持探索，直至发现答案。学生还能够掌握独立地解决问题和批判性思维的技能，因为他们必须分析、处理各种信息①。

让孩子们将在课堂上学到的理论知识运用在游戏中的情境下，激发孩子们针对实际问题进行思考。赋权型性教育培训的目的不是为孩子提供一些事实性的知识，而是促进他们进行具有问题意识的、高层次的学习。游戏在性教育中的应用，有助于实现这样的教学目标。

执笔：葛叶奕

✳ 对两期性教育营的田野观察

1. 研究背景

赋权型性教育是目前中国唯一本土的性教育理论，提出者方刚老师强调性教育的目标是让受教育者获得资源与习得技能，使他们有能力做出与"性"相关的负责任的选择，并且学会承担责任②。

赋权型性教育提倡学生是学习的主体，在教学中让学生独立思

---

① ［美］罗伯特·斯莱文：《教育心理学：理论与实践》，姚梅林等译，人民邮电出版社2004年版，第191页。

② 方刚：《赋权型性教育：理论、内容与方法初探》，《性学研究》2013年第4期。

考并充分地表达自己的声音，学会自己解决问题，做出对自己负责任的选择，教育者的目的是促进学生成长，而不是做价值观或行为模式的"规训"①。

这一理论正日益影响中国的性教育界，被越来越多的性教育工作者所采纳。为了具体了解赋权型性教育是如何在教学过程中对学生进行"增能、赋权"的，笔者于 2016 年、2017 年先后两次参加了方老师主讲的"青春期性教育夏令营"。这一夏令营始于 2013 年。

笔者全程参加的两期夏令营，每期均为三天，各有 20 多名 11—17 岁的孩子。三天的主题分别是：身体权、青春期的生理和心理、如何处理一份感情。

本研究的研究方法为质性研究，采取田野观察的方法，同时对参加夏令营的孩子们进行了事后访谈。

2. 教师的角色：带领者和促进者

夏令营的讲授者方老师一直称自己为"带领者"而非"教师"，因为赋权型性教育主张学生是学习的主体，而教师只是推动学生思考的促进者和带领者。

据笔者的观察，这在夏令营中有两方面的表现：

（1）教学内容尊重学生的主体需要

夏令营开始之前，带领者会发一个表格给营员和他们的父母，调查需求。2016 年夏令营的事先调查中，有两个同学谈到希望了解色情品，所以带领者在夏令营内容中加入了色情品这个话题，包括帮学生正确认识色情品、消除羞耻感并且强调未成年人最好不要接触色情品。

虽然夏令营三天的主题和主体设计是事先确定的，但带领者在夏令营中每天都会收集同学们的疑问。这是基于赋权型性教育的一

① 方刚：《电影性教育读本》，中国人民大学出版社 2014 年版，第 3—4 页。

个重要理念：同样是一个年龄段的孩子，每个人关心的问题可能并不一样，教学应该满足他们的学习需求；而且这是一个后喻文化[①]时代，青少年亚文化迅速发展，成年人未必了解他们的文化与需求，所以让他们自己表达需求非常重要[②]。

夏令营的第三天，最后一个环节，带领者和所有营员围坐成一圈，每人一张纸，匿名写下"没有解决的问题"，然后折叠起来，放进一个纸箱中，交给带领者逐一展开回复。

(2) 教师的主要工作是促进学生的思考

带领者在夏令营一开始，就努力为学习者提供一种自由开放的氛围，鼓励学生自然谈"性"，告诉学生："性器官和身体的其他部位是一样的，并不更高贵，也并不更下流，或者更神秘，可以像谈其他器官一样谈性器官。"

整个夏令营中，带领者最重要的工作便是促进学生对不同的问题进行自己的思考。除了在讨论、辩论中思考，还包括一个人静静地思考。比如，在"暗恋上一个人应该怎么办？"这个环节，带领者便给每个学生充分的时间，让他们静静想自己应该如何应对，然后在房间不同角落贴上写有不同选项的纸条，鼓励学生在充分选择之后走到某个选项前面。然后，带领者会进一步询问每个学生为什么选择这个选项，以及选择后可能遇到的挑战，又准备如何处理这些挑战，等等。

带领者鼓励学生对每一个话题都发表自己的看法，在学生的讨论无法深入的时候，带领者进行启发，引导他们深入讨论。而对于学生的讨论结果，带领者充分尊重，并不致力于形成统一的观点。带领者也会鼓励那些发言比较少的同学积极发表自己的观点，但并

---

① 指年轻人将新知识新技能传授给前辈的过程。

② 方刚：《中学性教育教案库》，中国人民大学出版社2015年版，第206—299页。

不会勉强学生发言，而强调尊重每个学生的自主权。

只要学生能够表达内心的想法或有创新性的想法，带领者都会给予真诚的鼓励与赞美，而并不在于这个想法有多么正确与完美。这样的鼓励与赞美可以让学生受到极大的鼓舞，使他们更加敢于去表达自我，积极地参与到课堂中来。

在夏令营的每个环节中，学生们都要充分地发表自己的声音并进行深刻的思考与探讨，自主形成观点。这样的教学使学生的学习经历变得有意义、个体化、挑战单一片面的观点。教育者为学生提供了体验世界的新方式，通过这种方式，每个学生都可以认识到对自身负有的责任。

3. 学生成为主体：四种方式促进主体性的实现

在夏令营中，学生参与学习的方式多种多样，有小组讨论法、情景剧表演法、学生主讲法、分组辩论法，等等，带领者通过这些教学方法让学生能积极地参与到学习中来。

（1）小组讨论

夏令营中很多环节都运用了小组讨论法，带领者给出一个话题，让学生分小组进行讨论，充分呈现学生的声音。

比如，在"认识性行为"这一单元，小组讨论什么情况下的性行为是你可以接受的，什么情况下的性行为是你不接受的。带领者强调，"接受"只表示你在观念上接受，你对别人这样的行为的态度，不代表你自己是否做，更不代表对错。讨论中，有学生提出"异性间的性是可以接受"，但后来通过组内讨论，最终一致同意同性恋的性也是可以接受的。学生们还自己提出了金钱交易的性、婚外的性、不以结婚为目的的性等话题，讨论其"可接受"与"不接受"。带领者自己并不提出话题，话题的生成与讨论都是学生自主完成的。对于有争议的话题，带领者引导学生深入思考：主张"可接受"的理由是什么？主张"不接受"的理由是什么？什么情况下"不接受"

可以变成"可接受"？

学生们针对上述话题并没有达成共识，带领者汇总学生们的讨论结果，提炼出其中能够达成共识的"性爱三原则"：自主、健康、责任。

可以看到，即使在挑战主流价值观的议题上，带领者也不向学生灌输某种标准答案，而是让学生自己思考，这样独立的思考带给学生的成长是巨大的。学生带着主人翁精神和个人意义，以一种积极参与的状态进行学习，在小组讨论中分享着自己的想法，同时在与同龄伙伴的交流中成长，修正自己的观念。最终学会在"自主、健康、责任"的性爱三原则基础上，学习尊重差异。这些是青少年自己思考形成的观念，而非成人灌输的，这才是他们真正可能遵从的。

在笔者看来，这些都符合罗杰斯自由学习理论所倡导的。罗杰斯主张，在"以学生为中心"的教学模式中主要是促使学生从事自由的讨论，使学生能形成他们自己的看法、表达他们自己的感受，在班级讨论中更能权衡不同的价值取向，而不是以"非白即黑"的二分法来看问题[1]。

（2）情景剧表演

夏令营中，每天都有情景剧表演。

在预防性骚扰这个环节，带领者给出基本情境，如公车性骚扰、校园性骚扰等，让学生自主创作和表演。

以公车性骚扰为例，一组学生的表演是这样的：被骚扰者胆子比较小，一直躲避，不敢看骚扰者；而旁边的乘客包括司机发现后则很主动地前来帮助。带领者请表演的学生分享为什么要这样设计情节，请所有学生一起讨论这些情节在现实生活中的可行性，包括优势与风险。比如，一直躲避是否可以？如果没人帮我们会怎么办？

---

① [美] 卡尔·罗杰斯，杰罗姆·弗赖伯格：《自由学习》，王烨辉译，人民邮电出版社 2015 年版，第 54 页。

有学生提出应该自己反抗，应该报警。带领者又引导学生思考：如果反抗被报复怎么办？如果其他乘客认为报警耽误了他们的时间怎么办？如果报警影响自己准时到学校怎么办？学生在这样的提示后继续往更深更多面的角度思考。学生们提出新的选择，带领者又和学生一起思考每一种新选择的可能性，以及每一种可能性的应对方法。

在带领者循序渐进的引导之后，学生们扩展了自己的思考，他们应对问题的方法越来越周全。这些是带领者希望学生学习到的，但不是简单告诉他们的，而是启发他们自己思考出来的。这就是增能、赋权的过程。

情景剧表演的教学方式培养了学生学习解决现实问题的能力，也培养了他们的创造性，这种学习方式使学生具有高度的卷入程度。在这个过程中自始至终都是学习者自己的思考，带领者在其中充当了促进者的角色，当学生想的不够周全时，带领者再进行引导。学习者拥有了学习的主体角色，他们对学习的参与度与投入都很高，这是一种认知和情感都参与其中的学习。

（3）学生主讲、学生挑错

在第一天课程结束后，带领者请几位学生自愿准备青春期的生理和心理变化的讲题，第二天上台演讲。带领者让男生准备讲解女生生理变化的话题，如月经和乳房发育，而女性准备遗精等男生的生理变化的话题，这是为了进一步消除性与性别的神秘感，也是为了鼓励学生了解和尊重异性。

第二天学生讲解后，带领者首先赞赏了学生的工作，然后请其他学生给主讲者讲的内容挑错。如果学生挑不出来，带领者会针对其中的一些问题再启发学生讨论，同时对一些错误的知识进行修订。带领者特意提示：网络上的知识不全是正确的，你要自己思考和鉴别。这个过程也是为了培养孩子们的反思能力和质疑精神。

学生主讲，打破了传统教学中教师主讲的模式；学生挑错，鼓励了学生质疑和思考。让学生自主与同学们分享知识，给他们充分准备的时间，他们课后通过各种渠道来获得信息；而要在讲台上展示，也能激励他们把任务完成得更好，这体现了学生自己主导学习的一个过程，促进了他们学习知识的主动性和思考能力。

（4）分组辩论

在教学过程中，当学生之间出现不同的观点时，带领者都会让学生们就不同的观点进行辩论。比如，在恋爱这一单元中，针对"恋爱是否影响学习？"进行辩论。带领者并未告诉学生们恋爱是否好，以及是否可以恋爱，而是在活动中给予学生们足够的思考与发挥空间，表达他们的想法与呈现他们自己的声音，学生们的主动性和自我负责能力被激发了。

带领者引导双方在各自的观点基础上思考：如果恋爱影响了学习，是如何影响的？如果没有影响学习，又怎么做才能不影响？每个人分析：自己是否有做到不受影响的能力？如果没有，怎么学习到这种能力？

赋权型性教育主张，教育帮助学生学习如何更好地处理感情，这不是简单地去禁止学生恋爱，教育只是帮助他们能够学习处理好和自己相关的事务的能力。[1]这些在这个教学环节中都得到了充分的体现。

虽然辩论双方对于"恋爱是否影响学习？"有不同的看法，但辩论的过程增加了他们对自己负责任的态度，即无论自己是哪一种选择，最重要的是对自己和他人负责任。

4. 教育效果的体现

笔者通过对两期性教育夏令营的田野观察，以及事后对参加夏

---

① 方刚：《赋权型性教育：让学生学会管理性》，《人民教育》2013 年第 21 期。

令营的学生的访谈，总结出夏令营至少在四个方面对学生影响明显。

（1）初步具备了自我负责的态度和思考习惯

赋权型性教育最重要的目标是促进学生对自我负责任的能力。夏令营教学中的每个环节都会升华到自我负责这个主题，自我负责贯穿在每一个授课主题中。

在夏令营刚开始的时候，带领者安排自我介绍环节，要求每个同学除了说自己的名字，也要说出自己的最大的优点和20年后想成为什么样的人。这样做的目的是激励学生的自信、树立人生理想。在三天的活动中，凡是遇到需要做选择的话题时，带领者多次提醒学生不要忘了自己的人生目标。而学生们也习惯了思考这个选择对于自己的人生目标是有促进，还是有阻碍。这种将具体生活事件与人生目标联系在一起的思考方式，是学生自我负责能力提升的重要体现。

在第三天讨论"有一份感情怎么处理？"的时候，很多学生也从"自我负责"的角度思考。比如，决定表白的同学认为表白了不会留下遗憾，而暗恋会让自己很焦虑，分散注意力，所以他们认为表白是对自己的负面影响比较小的负责任的选择；决定暗恋的同学认为暗恋本身就是一种享受的过程，不会觉得压抑，而表白后会带来很多麻烦，感觉自己目前没有能力去处理这些麻烦，所以他们认为继续暗恋是对自己的负面影响比较小。

（2）对"性"的态度更积极

访谈中，大部分同学提到，参加夏令营之前对性都持有比较消极的态度，认为"性"是"羞耻的""肮脏的""恶心的"。但经过这三天的夏令营，他们对"性"变得更加坦然，愿意去克服自己的这种负面情绪。

也有人谈到以前认为自己很"污"，其实内心不能接受这样的自己，但通过三天的课程他们知道了自己是没有错的，学会了接纳自己。

对于"性"更积极的态度还体现在同学们在夏令营中的表现，他们在夏令营中越来越放松，越来越敢于表达内心的想法。比如，在第三天下午"正确使用安全套"的教学环节中，每一组的同学都很积极地参与其中，有同学追着请教带领者在"戴"安全套时遇到的一些问题，两期夏令营均没有出现学生羞怯、恶搞或者排斥的情况。

（3）价值观更加多元和包容

2016 年夏令营第一天，曾围绕"同性恋和异性恋一样应该受到尊重"展开辩论，一开始有五名学员表示不能接纳同性恋，在辩论后，五位同学全部改变了自己原来的看法，对同性恋的态度变得更加包容。

每期夏令营最后一天均有"观点分组"的活动，带领者呈现一些比较有争议的问题，让同学们选择自己的观点。两期夏令营中，几乎所有同学都选择了更包容的观点。

夏令营结束后的访谈中，许多同学表示，通过三天的学习，想法改变很多，有人提出"只要是符合方刚老师提出的'自主、健康、责任'的性爱三原则，就没有什么是不可以接受的"。学生们普通说自己更加包容了，对不同价值观的尊重、对性别多元的接纳等都得到了提升。

（4）更正了错误的知识

三天夏令营中，虽然价值观是最重要的内容，但也有很多涉及性生理、性心理的知识，很多同学原有的错误知识被更正了。

比如，很多同学之前都认为自慰是有害的，通过这次性教育之后，他们意识到了自慰是没有害处的；有的同学以前做了性梦或有了性幻想会自责，夏令营之后懂得，性梦和性幻想都是自然、正常的现象，无论梦到什么或幻想什么，都不是错误的；有女生表示，以前认为必须戴胸罩才对，夏令营中老师分享了西方女权主义对胸罩的批判态度，知道长期戴胸罩可能引发乳房疾病，自己将认真考虑是否戴胸罩了。

当然，笔者的田野调查也发现，性教育夏令营中存在一些不足。比如，三天时间，涉及的内容有限，无法处理青春期需要面对的所有性教育问题；有的学生平时在学校里很少接触到参与式教学，夏令营的教学方式对他们是一个挑战，需要更多的时间来适应，等等。但是，总体而言，性教育夏令营实现了赋权型性教育为学生增能、赋权的目的，值得推荐与借鉴。

执笔：邓丽丹